O RETORNO
DA
HISTÓRIA

Robert Kagan

O RETORNO DA HISTÓRIA
E o fim dos sonhos

Tradução
Felipe Antunes de Oliveira

Título original
THE RETURN OF HISTORY
AND THE END OF DREAMS

Copyright © 2008 *by* Robert Kagan
Todos os direitos reservados.

Tradução da edição brasileira publicada
mediante acordo com Alfred A. Knopf,
uma divisão da Random House, Inc.

O material deste livro foi tirado e baseado no artigo
"End of Dreams, Return of History", de Robert Kagan,
originalmente publicado em *Policy Review*.

Direitos para a língua portuguesa reservados
com exclusividade para o Brasil à
EDITORA ROCCO LTDA.
Av. Presidente Wilson, 231 – 8º andar
20030-021 – Rio de Janeiro, RJ
Tel.: (21) 3525-2000 – Fax: (21) 3525-2001
rocco@rocco.com.br
www.rocco.com.br

Printed in Brazil / Impresso no Brasil

preparação de originais
ANA CAROLINA RIBEIRO

CIP-Brasil. Catalogação-na-fonte.
Sindicato Nacional dos Editores de Livros, RJ.

K17r   Kagan, Robert
           O retorno da história: e o fim dos sonhos/Robert Kagan;
          tradução de Felipe Antunes de Oliveira. – Rio de Janeiro:
          Rocco, 2009.
          (Idéias contemporâneas)

          Tradução de: The return of history and the end of dreams
          ISBN: 978-85-325-1473-8

          1. Política internacional – 1989 –. 2. Política internacional –
          Século XXI. I. Título II. Série.

08-4664   CDD-327.1
                                                             CDU-327

Para o meu pai

O MUNDO VOLTOU AO NORMAL. Os anos que se seguiram imediatamente ao fim da Guerra Fria ofereceram um tentador vislumbre de um novo tipo de ordem internacional, com os Estados-nação crescendo juntos ou desaparecendo, conflitos ideológicos se tornando mais suaves, culturas se misturando, e o livre comércio e as comunicações cada vez mais se desenvolvendo. O mundo democrático moderno queria acreditar que o fim da Guerra Fria não encerrava apenas um conflito estratégico e ideológico, mas todos os conflitos estratégicos e ideológicos. Os povos e seus líderes ansiavam por "um mundo transformado".[1]

Mas isso era uma miragem. O mundo não foi transformado. Na maioria dos lugares, o Estado-nação continua forte como sempre, assim como as ambições e as paixões nacionalistas e as competições entre as nações que têm moldado a história. Os Estados Unidos continuam sendo a única superpotência. Mas a competição internacional entre grandes potências voltou, com a Rússia, a China, a Europa, o Japão, a Índia, o Irã, os Estados Unidos e outros países disputando lideranças regionais. As lutas por status e influência no mundo voltaram a ser as questões centrais da cena internacional. A antiga competição entre liberalismo e autocracia também emergiu novamente, com as grandes potências mundiais se alinhando cada vez mais de acordo com a natureza dos seus regimes. E uma luta ainda mais antiga estourou entre os radicais islâmicos e as potências e culturas seculares modernas, que os primeiros acreditam terem penetrado, dominado e contaminado o seu mundo islâmico. À medida que essas três lutas se combinam e colidem entre si, a promessa de uma nova era de convergência global se enfraquece. Nós entramos em uma era de divergências.

Com os sonhos da era pós-Guerra Fria se dissolvendo, o mundo democrático terá que decidir como responder. Nos últimos anos, enquanto as autocracias da Rússia e da China ascendiam e os radicais islâmicos sustentavam sua luta, as democracias permaneceram divididas e distraídas, tanto por questões profundas quanto triviais. Elas têm questionado os seus propósitos e as suas moralidades, discutido sobre poder e ética, e apontado para as falhas umas das outras. A desunião enfraqueceu e desmoralizou as democracias, justamente no momento em que elas menos podem suportar isso. Houve um retorno na história, e as democracias precisam se unir para moldá-la, ou os outros a moldarão no lugar delas.

ESPERANÇAS E SONHOS

No início da década de 1990, o otimismo era compreensível e praticamente universal. O colapso do império comunista e a aparente adoção da democracia por parte da Rússia pareciam ser presságios de uma nova era de convergência global. Os grandes adversários da Guerra Fria de repente compartilhavam diversos objetivos comuns, incluindo o desejo de uma integração política e econômica. Mesmo após a repressão política que começou na Praça da Paz Celestial em 1989 e dos preocupantes sinais de instabilidade na Rússia depois de 1993, a maioria dos americanos e europeus acreditava que a China e a Rússia estavam no caminho do liberalismo. A Rússia de Boris Yeltsin parecia comprometida com o modelo liberal de economia política e com uma integração mais próxima com o Ocidente. Esperava-se que o comprometimento do governo chinês com a abertura econômica produzisse inevitavelmente uma abertura política, quer os líderes chineses a desejassem ou não.

Tal determinismo era característico do pensamento pós-Guerra Fria. A maioria acreditava que, na economia globalizada, as nações não teriam outra escolha além de adotar uma postura liberal, primeiro economicamente, e depois politicamente, se desejassem competir e sobreviver. Conforme as economias nacionais se aproximassem de um certo nível de renda per capita, as crescentes classes médias exigiriam o poder legal e político, e os governantes teriam que ceder se quisessem a prosperidade de suas nações. Como o capitalismo democrático era o modelo de maior sucesso para o desenvolvimento das sociedades, todas elas acabariam, no fim das contas, escolhendo esse caminho. No confronto das idéias, o liberalismo havia triunfado. Como Francis Fukuyama celebremente colocou, "no fim da história, não existem mais competidores ideológicos sérios para a democracia liberal".[2]

O determinismo econômico e ideológico dos primeiros anos pós-Guerra Fria produziu duas grandes suposições que moldaram tanto políticas quanto expectativas. A primeira foi uma firme crença na inevitabilidade do progresso humano, a crença de que a história se move em apenas uma direção – uma convicção que nasceu no Iluminismo, foi destruída pela brutalidade do século XX, mas ganhou uma nova vida com a queda do comunismo. A outra era uma receita de paciência e moderação. Em vez de confrontar as desafiantes autocracias, era melhor inseri-las na economia global, apoiar o domínio da lei e a criação de fortes instituições estatais, e então deixar as irrefreáveis forças do progresso humano fazerem sua mágica. Com o mundo convergindo para os princípios compartilhados do liberalismo iluminista, a grande tarefa da era pós-Guerra Fria era a construção de um sistema internacional de leis e instituições aperfeiçoado, cumprindo as profecias do pensamento iluminista, que remonta aos séculos XVII e XVIII. Um mundo de governos liberais seria um mundo sem guerra, exatamente como Kant havia imaginado. Como argumentou Montesquieu: "O efeito natural do comércio é levar à paz."[3] De repente, esse velho sonho do Iluminismo parecia possível porque, junto com o aparente triunfo do liberalismo internacional, os interesses geopolíticos e estratégicos das grandes potências do mundo também pareciam convergir. Em 1991, o presidente George H. W. Bush falou de uma "nova ordem mundial", na qual "as nações do mundo, do leste e do oeste, do norte e do sul, podem prosperar e conviver em harmonia", onde "o domínio da lei suplanta a lei da selva", e as nações "reconhecem a responsabilidade compartilhada pela liberdade e a justiça". Era "um mundo bem diferente daquele que tínhamos conhecido".[4]

O mundo parecia diferente, em primeiro lugar, porque a União Soviética estava diferente. Ninguém teria sugerido que a história havia acabado se a União Soviética comunista não tivesse morrido e se transformado depois de 1989 de uma forma tão inesperada e dramática. A mudança na política externa soviética e russa foi notável. A "influência pacífica das idéias liberais" deu uma orientação completamente nova às perspectivas russas sobre o mundo – ou era isso que parecia.[5] Já nos últimos anos da Guerra Fria, defensores de um "novo pensamento" em

Moscou faziam apelos para a convergência e a derrubada de barreiras entre o Oriente e o Ocidente, uma aceitação comum de "valores universais", como colocou Mikhail Gorbachev. E então, nos primeiros anos do governo de Yeltsin, sob o comando do ministro das relações exteriores Andrei Kozyrev, a Rússia parecia comprometida a integrar a Europa pós-moderna. Moscou não mais definia seus interesses em termos de território e de esferas tradicionais, mas sim em termos de integração econômica e desenvolvimento político. Renunciou à hegemonia regional, retirou tropas dos Estados vizinhos, cortou seu orçamento de defesa, buscou formar alianças com as potências européias e os Estados Unidos e, em geral, moldou sua política externa de acordo com a premissa de que seus interesses eram os mesmos do Ocidente. A Rússia "desejava simplesmente fazer parte".[6]

A democratização da Rússia, começando já nos anos de Gorbachev, levou os líderes do país a redefinir e recalcular os interesses nacionais russos. Moscou podia abrir mão do seu controle imperial sobre o Leste Europeu e do seu papel como superpotência, não porque a situação estratégica havia mudado – na verdade, os Estados Unidos estavam mais ameaçadores em 1985 do que em 1975 – mas porque o regime em Moscou havia mudado. Uma Rússia em processo de democratização não temia nem os Estados Unidos nem a ampliação da aliança de democracias daquele Estado.[7]

Se a Rússia podia abandonar as políticas tradicionais das grandes potências, então o resto do mundo também podia. "A era da geopolítica deu lugar a uma era do que pode ser chamado de geoeconomia", escreveu Martin Walker, em 1996. "Os novos símbolos de virilidade são as taxas de exportação, produtividade e crescimento, e os grandes embates internacionais são os acordos comerciais de superpotências econômicas."⁸ Talvez a competição entre as nações continuasse, mas seria uma competição comercial pacífica. Nações que comercializassem umas com as outras seriam menos propensas a lutar entre si. Sociedades cada vez mais comerciais seriam mais liberais, tanto no plano interno quanto no externo. Os seus cidadãos buscariam a prosperidade e o conforto, e deixariam de lado as paixões atávicas, as lutas por honra e glória e os ódios tribais que provocaram conflitos ao longo de toda a história.

Os antigos gregos acreditavam que fazia parte da natureza humana uma coisa chamada *thumos*, uma forte energia e ferocidade em defesa do clã, tribo, cidade ou Estado. Na visão do Iluminismo, entretanto, o comércio domaria e talvez até eliminasse o *thumos* nas pessoas e nações. "Onde há comércio", escreveu Montesquieu, "há moral e modos suaves".⁹ A natureza humana poderia ser melhorada, com a estrutura internacional adequada, a política adequada e o sistema econômico adequado. A democracia liberal não apenas conteve os instintos humanos naturais para a agressão e a violência; de acordo com Fukuyama, ela "fundamentalmente transformou os próprios instintos".¹⁰

Sendo assim, o choque entre os interesses nacionais tradicionais era coisa do passado. A União Européia, como especulou o cientista político Michael Mandelbaum, não era nada mais que "uma antecipação do modo como o mundo do século XXI [seria] organizado".¹¹ G. John Ikenberry, um acadêmico liberal e internacionalista, descreveu um mundo pós-Guerra Fria no qual "a democracia e os mercados prosperaram pelo mundo, a globalização foi colocada num altar como uma força histórica progressiva, e a ideologia, o nacionalismo e a guerra entraram em profundo declínio". Era o triunfo da "visão liberal sobre a ordem internacional".¹²

Para os americanos, a queda da União Soviética parecia uma chance caída dos céus de realizar o antigo sonho de exercer uma liderança global – liderança essa que seria aceita e até bem recebida pelo mundo. Os americanos sempre se consideraram a nação mais importante do mundo, o líder predestinado deste. "A causa da América é a causa de toda a humanidade", falou Benjamin Franklin, nos tempos da Revolução. Os Estados Unidos eram "a locomotiva e a cabeça da humanidade", disse Dean Acheson, ainda durante a Guerra Fria, com o resto do mundo meramente como "vagões". Depois da Guerra Fria, os Estados Unidos continuaram sendo "a nação indispensável", porque apenas ela tinha o poder e a compreensão necessários para ajudar a unir a comunidade internacional em uma causa comum.[13] Na nova ordem mundial, como o secretário de estado Strobe Talbott colocou, os Estados Unidos definiriam "a sua força – e, aliás, a sua própria grandeza – não em termos da sua capacidade de conquistar e manter o domínio sobre os outros, mas em termos da sua capacidade de trabalhar *com* os outros, em nome dos interesses da comunidade internacional como um todo".[14]

Enquanto os americanos viam a sua auto-imagem reafirmada na nova ordem mundial, os europeus acreditavam que a nova ordem internacional seria moldada a partir da União Européia. Como definiu o acadêmico e diplomata Robert Cooper, a Europa estava liderando o mundo para uma era pós-moderna, na qual os tradicionais interesses nacionais e a política da força dariam lugar à lei internacional, às instituições supranacionais e à soberania comum. As divisões culturais, étnicas e nacionalistas que assolaram a humanidade, e a Europa, seriam dissolvidas pelos valores e interesses econômicos comuns. A UE, como os Estados Unidos, era expansionista, mas de um modo pós-moderno. Cooper via o crescimento do bloco como uma espécie de império voluntário. Os impérios do passado haviam imposto suas leis e sistemas de governo. Mas na era pós-Guerra Fria, "ninguém está impondo nada". As nações estavam ansiosas para se juntarem ao "império cooperativo(...) dedicado à liberdade e à democracia" da UE. Um "movimento voluntário de auto-imposição [estava] acontecendo".[15]

Mesmo enquanto essas esperançosas expectativas surgiam, havia nuvens no horizonte, sinais de divergência global, persistentes tradições relacionadas à cultura, civilização, religião e nacionalismo que resistiram ou ficaram à parte diante da adoção comum do liberalismo democrático e do capitalismo de mercado. As pressuposições fundamentais dos anos pós-Guerra Fria entraram em colapso quase no mesmo momento em que foram formuladas.

O RETORNO DO NACIONALISMO NAS GRANDES POTÊNCIAS

As esperanças de uma nova era na história humana estavam apoiadas em um conjunto único de circunstâncias internacionais: a ausência temporária da tradicional competição entre grandes potências. Por séculos, a luta das potências mundiais por influência, riqueza, segurança, status e honra foi a principal fonte de conflitos e guerras. Por mais de quatro décadas, durante a Guerra Fria, a disputa foi limitada às duas potências; a rígida ordem bipolar suprimiu a tendência normal à emersão de outras grandes potências. Quando a União Soviética ruiu, em 1991, de uma hora para outra, apenas os Estados Unidos sobravam. A Rússia estava fraca, com seu moral baixo, sua política interna tumultuada, sua economia sob intervenção, e seu poder militar em acentuado declínio. A China, depois dos acontecimentos na Praça da Paz Celestial, estava isolada, nervosa e introspectiva, com o futuro de sua economia incerto, e seu exército despreparado para as modernas guerras high-tech. O Japão, a superpotência econômica ascendente dos anos 1980, sofreu uma calamitosa crise no mercado de ações em 1990, e estava entrando em uma década de contração econômica. A Índia ainda não havia iniciado a sua própria revolução econômica. E a Europa, a principal arena de disputa entre grandes potências, rejeitava a política da força e aperfeiçoava suas instituições pós-modernas.

Realistas geopolíticos, como Henry Kissinger, avisaram na época que esse conjunto de circunstâncias não podia durar muito tempo, que a competição internacional fazia parte da natureza humana e retornaria. E embora tenham se provado erradas as previsões que apontavam para uma iminente multipolaridade global – com os Estados Unidos, a China, a Rússia, o Japão e a Índia todos mais ou menos iguais em poder –, os realistas tiveram uma percepção mais clara sobre a natureza imutável dos seres humanos. O mundo não estava testemunhando uma transformação, mas apenas uma pausa na competição interminável entre nações e povos.

Ao longo dos anos 1990, a competição ressurgiu à medida que, uma a uma, as potências em ascensão entraram ou reentraram em cena. Primeiro a China e depois a Índia começaram a apresentar surtos sem precedentes de crescimento econômico, acompanhados de aumentos graduais, mas significativos, em seus potenciais militares, tanto convencionais quanto nucleares. No início do século XXI, o Japão começou uma lenta recuperação econômica, e caminhou para um papel internacional mais ativo, tanto diplomaticamente quanto militarmente. Então veio a Rússia, reerguendo-se da calamidade econômica rumo a um firme crescimento, baseado nas exportações de suas enormes reservas de petróleo e gás natural.

Hoje, uma outra configuração de poder está moldando novamente a ordem internacional. É um mundo de "uma superpotência e várias grandes potências", como definem os estrategistas chineses.[16] O nacionalismo e a própria nação, longe de serem enfraquecidos pela globalização, agora voltaram com toda a força. Nacionalismos étnicos continuam efervescentes nos Bálcãs e nas ex-repúblicas da União Soviética. Mas o mais significante é o retorno do nacionalismo nas grandes potências. Em vez de uma nova ordem mundial, o conflito entre os interesses e ambições das grandes potências está produzindo novamente alianças e contra-alianças, elaboradas danças e trocas de parceiros que os diplomatas do século XIX reconheceriam imediatamente. Também está produzindo fissuras geopolíticas onde as ambições das grandes potências se sobrepõem e entram em choque, e onde os abalos sísmicos do futuro mais provavelmente explodirão.

A ASCENSÃO DA RÚSSIA

UMA DESSAS FISSURAS fica ao longo das fronteiras oeste e sudoeste da Rússia. Na Geórgia, Ucrânia e Moldávia, nos Estados bálticos da Estônia, Letônia e Lituânia, na Polônia, na Hungria e na República Tcheca, na região do Cáucaso e da Ásia Central, e até nos Bálcãs, uma luta por influência está acontecendo, entre a ascendente Rússia de um lado e a União Européia e os Estados Unidos de outro. Em vez de uma pretensa área de paz, a Eurásia ocidental se tornou novamente uma área de competição.

Se a Rússia foi o lugar onde a história havia acabado de modo mais dramático duas décadas atrás, hoje é onde retornou com mais força. A virada russa para o liberalismo interno foi interrompida e depois retrocedeu, assim como sua política externa. A centralização do poder nas mãos de Vladimir Putin foi acompanhada por um abandono da política externa integracionista defendida por Yeltsin e Kozyrev. O nacionalismo das grandes potências voltou à Rússia, e com ele os tradicionais planos e ambições das grandes potências.

Contrariando o desprezo de muitos no Ocidente, a Rússia é uma grande potência, e se orgulha de ser uma força que deve ser levada a sério no cenário mundial. Ela não é uma superpotência, e talvez nunca se torne. Mas em termos do que os chineses chamam de "poder nacional total" – a combinação de sua força econômica, militar e diplomática – a Rússia hoje está entre as maiores potências do mundo. Sua economia, após ter se contraído durante a maior parte dos anos 1990, tem crescido 7% ao ano desde 2003, e aparentemente continuará a crescer nos próximos anos. Entre 1998 e 2006, o volume total da economia russa aumentou em mais de 50%, a renda per capita real cresceu em 65% e as taxas de pobreza caíram pela metade.

Muito desse crescimento tem sido causado pelos preços recordes do petróleo e do gás, que a Rússia possui em abundância. O país tem as maiores reservas de recursos minerais do mundo, incluindo as maiores reservas de petróleo e quase a metade das reservas potenciais de carvão do planeta. Como resultado disso, a Rússia goza de um considerável superávit comercial e em conta-corrente, já pagou quase toda a sua dívida externa e possui a terceira maior reserva financeira do mundo.[17]

A Rússia não está apenas mais rica. Ela tem algo de que as outras nações precisam – e precisam desesperadamente. Atualmente, a Europa depende mais da Rússia para o seu fornecimento de energia do que do Oriente Médio. Em teoria, é claro que a Rússia depende dos mercados europeus tanto quanto os mercados europeus dependem da Rússia. Mas na prática, os russos acreditam que estão no comando, e os europeus parecem concordar. Empresas russas, em cooperação muito próxima com o governo central em Moscou, estão comprando ativos estratégicos por toda a Europa, especialmente nos setores de energia, ganhando assim influência política e econômica, e fortalecendo o controle russo sobre o fornecimento e distribuição de energia na Europa.[18] Os governos europeus temem que Moscou possa manipular o fluxo de fornecimento de energia, e os líderes russos sabem que isso dá a eles meios de fazer com que os europeus aceitem certos comportamentos russos que não teriam tolerado no passado, quando a Rússia estava fraca. A Rússia agora pode jogar as nações européias umas contra as outras, dividindo e enfraquecendo uma UE que é menos coesa e poderosa do que os seus proponentes gostariam, mesmo nas questões econômicas e comerciais. Como se queixou o comissário de comércio da UE, Peter Mandelson: "Nenhum outro país revela as nossas diferenças como a Rússia."[19]

A Rússia não é apenas uma potência econômica. Apesar de possuir apenas uma fração da capacidade militar americana, a riqueza proveniente do petróleo e do gás permitiu que Moscou ampliasse os gastos com defesa em mais de 20% anualmente nos últimos três anos. Hoje, a Rússia gasta mais do que qualquer outro país do mundo, com a exceção dos Estados Unidos e da China. Uma boa parte disso foi usada para modernizar o seu arsenal nuclear, que continua formidável para qualquer padrão – a Rússia ainda possui 16 mil ogivas nucleares. Mas o país também tem mais de um milhão de soldados na ativa; está desenvolvendo novos caças, submarinos e porta-aviões; e voltou a investir em vôos estratégicos de longa distância com bombardeio pela primeira vez desde o fim da Guerra Fria. O poder militar da Rússia, aliás, é parte importante de sua política externa. Além de travar uma guerra na Chechênia, o país mantém tropas na Geórgia e na Moldávia, e suspendeu sua participação no Tratado de Forças Armadas Convencionais na Europa (FACE), que restringia a expansão de suas tropas. A Rússia também tem sido o principal fornecedor de armamentos de alta tecnologia para a China, tornando-se, portanto, um fator na equação estratégica do leste da Ásia.

Poder é a capacidade de levar os outros a fazerem o que você quer e de evitar que eles façam o que você não quer. Com os seus recursos naturais, as riquezas que tem disponíveis, seu poder de veto no Conselho de Segurança das Nações Unidas, e sua influência por toda a Eurásia, a Rússia se apresenta como um jogador em todas as questões internacionais, da arquitetura estratégica da Europa às políticas petrolíferas da Ásia Central, passando pelas políticas de proliferação nuclear do Irã e da Coréia do Norte.

Esse novo senso de poder atualmente impulsiona o nacionalismo russo. Também alimenta profundos ressentimentos e sentimentos de humilhação. Hoje, os russos não vêem mais as políticas de adaptação dos anos 1990 como atos de estadistas iluminados. A aceitação do crescimento da OTAN; a retirada das tropas das ex-repúblicas soviéticas; o consentimento com relação à independência da Ucrânia, da Geórgia e dos Estados bálticos; a aceitação de uma influência americana e européia cada vez maior na Europa Central, no Cáucaso e na Ásia Central – hoje os russos consideram as configurações pós-Guerra Fria como nada mais do que uma rendição imposta pelos Estados Unidos e pela Europa num momento de fraqueza da Rússia.

Alguns especialistas russos apontam a ampliação da OTAN e a Guerra de Kosovo como os grandes catalisadores do revanchismo russo.[20] Mas os ressentimentos e o senso de humilhação da Rússia vão mais fundo do que isso. Quando Putin chamou o colapso da União Soviética de "a maior catástrofe geopolítica do século", ele chocou os liberais do Ocidente, mas marcou um ponto com os russos. Não é que eles anseiem o retorno do comunismo soviético – apesar de até mesmo a reputação de Joseph Stalin estar sofrendo um processo de incrível ressurreição.[21] Na verdade, eles desejam voltar aos dias em que a Rússia era respeitada pelos outros países, capaz de influenciar o mundo e de garantir seus interesses nacionais. A onda de críticas na Rússia de hoje lembra a Alemanha depois da Primeira Guerra Mundial, quando os alemães se queixavam do "vergonhoso Tratado de Versalhes" imposto a uma Alemanha prostrada pelas potências vencedoras, e dos políticos corruptos que haviam traído a nação naquela ocasião.

Atualmente os líderes russos procuram reivindicar boa parte do poder global e da influência que perderam com o final da Guerra Fria. A sua grande ambição é desfazer as configurações pós-Guerra Fria e restabelecer a Rússia como a potência dominante na Eurásia, tornando-a uma das duas ou três grandes potências do mundo.

Não era bem isso que as democracias ocidentais desejavam ou esperavam nos anos 1990. Elas acreditavam que estavam sendo mais do que generosas quando se ofereceram para aceitar a Rússia dentro da casa européia e de suas instituições políticas e econômicas internacionais depois da Guerra Fria. Os bilhões de dólares em ajuda estrangeira que o Ocidente ofereceu à Rússia nos anos 1990 estavam muito distantes das enormes somas que as potências vitoriosas tentaram arrancar da Alemanha depois de 1918.

A liderança cada vez mais nacionalista da Rússia, no entanto, não está mais satisfeita em ser convidada para o clube ocidental nos mesmos termos de qualquer outra nação. Como colocou Dmitri Trenin, a Rússia estaria disposta a se juntar ao Ocidente "se fosse oferecido algo como uma co-liderança do clube ocidental", e ela pudesse tomar "o seu merecido lugar, ao lado dos Estados Unidos e da China".[22] Os líderes da Rússia de hoje não desejam se integrar ao Ocidente, eles querem o retorno de uma grandeza russa especial.

Lorde Palmerson uma vez observou que as nações não têm amigos permanentes, apenas interesses permanentes. Mas o modo como as nações percebem seus interesses não é fixo. Ele muda conforme mudam as suas percepções de poder. Novos poderes vêm acompanhados de novas ambições, ou do retorno de antigas, e isso é verdade não apenas para a Rússia, mas para todas as nações. Teóricos das relações internacionais falam das potências do *status quo*, mas as nações nunca estão inteiramente satisfeitas. Quando se atinge um horizonte, um novo horizonte sempre surge. O que antes era inimaginável se torna imaginável, e em seguida desejável. O desejo se torna ambição, e a ambição se torna interesse. Nações mais poderosas não são necessariamente nações mais satisfeitas. Elas podem, na verdade, ficar menos satisfeitas com o que têm.

Recentemente, as ambições russas cresceram e se expandiram em círculos concêntricos. No final dos anos 1990 e nos primeiros anos do novo século, o primeiro-ministro e depois presidente Putin estava preocupado em restabelecer a coerência e a estabilidade da federação russa, incluindo a então rebelde república da Chechênia. À medida que obteve sucesso em debelar a rebelião na Chechênia, ele dirigiu as energias russas para o "exterior próximo" e a Europa Oriental, num esforço de reafirmar a influência russa nessas tradicionais esferas de interesse. Isso implicava reverter as tendências pró-Ocidente da última década. Em 2003 e 2004, quando governos pró-Ocidente substituíram governos pró-Rússia na Ucrânia e na Geórgia, em parte graças ao significativo apoio financeiro e diplomático da União Européia e dos Estados Unidos, as conseqüências estratégicas para a Rússia foram claras e problemáticas. Os dirigentes da Ucrânia buscaram mais independência de Moscou, assim como a entrada na União Européia. O presidente da Geórgia logo procurou fazer parte da OTAN. Até a pequena Moldávia tomou um caminho mais pró-ocidental. Junto com os Estados bálticos da Letônia, Estônia e Lituânia, essas ex-repúblicas soviéticas agora formam um cinturão de estados independentes e potencialmente pró-Ocidente que percorre de cima a baixo a fronteira ocidental da Rússia. Os eventos chamados pelo Ocidente de "revoluções coloridas" (a "revolução laranja" na Ucrânia, a "revolução das rosas" na Geórgia, a "revolução das tulipas" no Quirguistão) deixaram os russos preocupados com sua perda de influência no "exterior próximo".[23]

A Rússia tolerou esses acontecimentos na ocasião, talvez por não ter escolha. Mas hoje as coisas são diferentes. Depois de ter falhado em impedir que os Estados bálticos fossem incorporados à OTAN e à UE, Moscou está determinado a evitar que a Geórgia e a Ucrânia entrem ou mesmo sejam convidadas a entrar. Com os seus antigos aliados do Pacto de Varsóvia perdidos para a aliança liderada pelos americanos, os dirigentes russos agora querem desenhar uma zona de segurança especial dentro da OTAN, com um status menor para os países ao longo de suas fronteiras estratégicas. Esse é o principal motivo por trás da oposição russa ao programa americano de mísseis defensivos na Polônia e na República Tcheca. Não é apenas que os russos temam que as instalações propostas algum dia ameacem sua capacidade de ataque nuclear: Putin sugeriu construir essas instalações na Itália, na Turquia ou na França. Ele quer transformar a Polônia e os outros membros da OTAN na Europa Oriental em uma zona estratégica neutra.

O que a Rússia quer hoje é a mesma coisa que as grandes potências sempre quiseram: manter sua influência predominante nas regiões que importam para elas, e excluir a influência de outras grandes potências. Se a Rússia conseguir estabelecer seu domínio regional, sua ambição crescerá, como a de qualquer outra grande potência. Quando os Estados Unidos se tornaram a potência predominante do hemisfério ocidental no fim do século XIX, o país não se deu por satisfeito, mas olhou para novos horizontes no Leste Asiático e no Pacífico. A Rússia se vê hoje como uma potência global, com interesses e alcances globais.

A Rússia e a UE são vizinhas geograficamente. Mas em termos geopolíticos, elas estão em séculos diferentes. Uma União Européia do século XXI, com suas nobres ambições de transcender a política da força e liderar o mundo dentro de uma nova ordem internacional, baseada nas leis e nas instituições, confronta-se agora com uma Rússia que em vários aspectos é uma potência tradicional, do século XIX, praticando a velha política da força. As duas foram moldadas por suas histórias. O espírito "pós-nacional" pós-moderno da UE foi a resposta européia aos terríveis conflitos do século XX, quando o nacionalismo e a política da força destruíram o continente por duas vezes. As iniciativas da política externa russa foram estruturadas a partir da percepção das falhas das "políticas pós-nacionais", depois do colapso da União Soviética. Os pesadelos da Europa remetem aos anos 1930; os da

Rússia, aos anos 1990. A Europa vê as respostas para os seus problemas transcendendo as noções de Estado-nação e potência. Para a Rússia, a solução passa por restaurar essas noções.[24]

Então o que acontece quando uma entidade do século XXI como a UE encara o desafio de uma potência tradicional como a Rússia? A resposta surgirá por si mesma nos próximos anos, mas os contornos do conflito já estão emergindo – em impasses diplomáticos sobre o Kosovo, a Ucrânia, a Geórgia e a Estônia; em conflitos envolvendo gasodutos e oleodutos; em tensas discussões diplomáticas entre a Rússia e o Reino Unido; e na volta de exercícios militares russos como não se via desde a Guerra Fria.

Os europeus estão apreensivos, e têm razões para estar. As nações da União Européia fizeram uma enorme aposta nos anos 1990. Elas apostaram numa nova ordem mundial, na primazia da geoeconomia sobre a geopolítica, em um cenário no qual a imensa e produtiva economia européia competiria de igual para igual com os Estados Unidos e a China. Elas transferiram muito de sua soberania econômica e política para as fortalecidas instituições da UE em Bruxelas. Elas cortaram seus orçamentos de defesa e desaceleraram a modernização das suas forças armadas, imaginando que havia chegado a hora do *soft power*, e a época do *hard power* tinha acabado. Elas acreditavam que a Europa seria um modelo para o mundo, e num mundo modelado à imagem da União Européia, a Europa seria forte.

Por um momento, essa pareceu ser uma boa aposta. A União Européia exerceu uma poderosa força magnética, especialmente nos estados a sua volta. Ela era uma ilha continental de relativa estabilidade num oceano de tumulto global. Com a Rússia prostrada, a atração da Europa, junto com a promessa americana de garantia de segurança, trouxe quase todas as nações da órbita oriental para a órbita ocidental. Antigas nações integrantes do Pacto de Varsóvia, lideradas pela Polônia, Hungria e República Tcheca, entraram na UE junto com os Estados bálticos. A atração gravitacional da Europa moldou as políticas da Ucrânia e da Geórgia, assim como da Turquia. O apelo do "império voluntário" liberal da Europa parecia não ter limites.

Nos últimos anos, no entanto, a expansão do império voluntário tornou-se mais lenta. O crescimento da UE para 27 membros foi indigesta aos membros originais, e a ameaçadora perspectiva da entrada da Turquia, com os seus 80 milhões de muçulmanos, é mais do que muitos europeus estão dispostos a agüentar. Mas a suspensão do crescimento da UE não está relacionada apenas com o medo dos turcos e dos "encanadores poloneses"*. Quando a UE admitiu os antigos estados do Pacto de Varsóvia e os Estados bálticos, ela adquiriu não apenas novos países do Leste, mas também novos problemas. Ou, na verdade, velhos problemas orientais – as antiqüíssimas disputas entre a Rússia e os seus vizinhos mais próximos. Quando a UE engoliu a Polônia, ela também engoliu a inimizade e a suspeita que os poloneses têm em relação à Rússia (e também à Alemanha). Quando ela encampou os Estados bálticos, ela encampou o medo que eles têm da Rússia, assim como a população russa que constitui uma minoria bastante grande dentro das fronteiras daquele país.

Esses problemas pareciam administráveis enquanto a Rússia estava seguindo o seu caminho pós-moderno e integracionista, ou pelo menos enquanto ela estava fra-

---

* "Polish plumber" ou "Plombier polonais", expressão cunhada por Phillippe Villiers, político francês e membro do parlamento europeu, e consagrada pela mídia inglesa e francesa para se referir aos trabalhadores baratos provenientes da Europa Oriental. (N. do T.)

ca, pobre e absorvida por dificuldades internas. Mas com a Rússia outra vez de pé e procurando restabelecer seu status de grande potência, o que inclui a liderança em suas tradicionais esferas de influência, a Europa se viu numa posição extremamente inesperada e indesejável na competição geopolítica. Por causa de sua ampliação, essa grandiosa entidade do século XXI envolveu-se num conflito característico do século XIX.

Talvez a Europa esteja mal preparada para responder a um problema que nunca imaginou ter que enfrentar. Suas ferramentas pós-modernas de política externa não foram feitas para resolver desafios geopolíticos mais tradicionais. A política externa de ampliação foi interrompida, talvez permanentemente, em parte por causa da Rússia. Muitos países da Europa Ocidental já se arrependem de ter trazido os países da Europa Oriental para a União, e pouco provavelmente buscarão ainda mais confronto com a Rússia admitindo Estados como a Geórgia e a Ucrânia.

A Europa não está preparada do ponto de vista institucional nem afinada o suficiente para participar do tipo de jogo geopolítico nas proximidades da Rússia que essa última está disposta a jogar. Contra a poderosa força de atração européia, a Rússia responde usando antigas políticas de força para punir ou desestabilizar dirigentes pró-Ocidente. Ela impôs um embargo comercial total à Geórgia. Por vezes, negou abastecimento de petróleo à Lituânia, Letônia e Bielorússia; cortou o abastecimento de gás da Ucrânia e da Moldávia; e puniu a Estônia com a suspensão do tráfego ferroviário e um ataque virtual ao sistema de computadores do governo em uma disputa envolvendo o memorial de guerra soviético. O presidente francês, Nicolas Sarkozy, observou de modo bastante incisivo que "a Rússia está impondo o seu retorno ao cenário mundial jogando com seus recursos, especialmente o petróleo e o gás, com certa brutalidade".[25] Essas são ferramentas geopolíticas que a UE provavelmente não pode usar, mesmo que alguns de seus membros queiram.[26]

A UE também não usará ferramentas militares como a Rússia. Moscou dá apoio a movimentos separatistas na Geórgia e mantém as suas próprias forças armadas em território geórgio e moldavo. A Rússia ameaça retirar-se inteiramente do FACE, negociado ainda na década de 1990, de modo a ficar livre para mobilizar as tropas sempre que for necessário ao longo de sua fronteira ocidental. Até o ministro da defesa finlandês teme que a "força militar" se torne novamente "um elemento-chave" no modo como a Rússia "conduz as suas relações internacionais".[27] Os europeus estão cada vez mais pessimistas com relação à grande potência na sua fronteira oriental e às armas que ela usa para perseguir seus interesses.[28] Mas será que a Europa vai entrar pra valer nessa briga de faca?

Não é difícil imaginar os tremores ao longo da fissura Euro-Russa irrompendo em um confronto. Uma crise relacionada à situação da Ucrânia, que quer fazer parte da OTAN, poderia provocar a beligerância russa. Conflitos entre o governo da Geórgia e as forças separatistas da Abcásia e da Ossétia do Sul, apoiadas pela Rússia, podem provocar o choque militar entre Tbilisi e Moscou. O que a Europa e os Estados Unidos fariam se a Rússia decidisse jogar duro com a Ucrânia ou com a Geórgia? Podem muito bem não fazer nada. A Europa pós-moderna muito dificilmente contemplaria a idéia de voltar a um conflito envolvendo uma grande potência, e estaria disposta a ir bem longe para evitá-lo. Nem os Estados Unidos estão dispostos a encarar a Rússia, num momento em que estão tão absorvidos com o Oriente Médio. De todo modo, um confronto entre a Rússia e a Ucrânia ou a Geórgia introduziria um novo mundo – ou, na verdade, um mundo bastante velho. Como notou um analista sueco, "nós estamos em uma nova era da geopolítica. Não dá para fingir o contrário".[29]

Isso é o completo oposto das percepções e expectativas da era pós-Guerra Fria. Na década de 1990, as democracias esperavam que uma Rússia mais rica fosse uma Rússia mais liberal, tanto interna quanto externamente. Mas historicamente a expansão do comércio e a conquista de riqueza pelas nações não produziram necessariamente a harmonia mundial. Freqüentemente isso apenas incitou uma maior competição mundial. A esperança no final da Guerra Fria era de que as nações procurassem a integração econômica como uma alternativa à competição geopolítica, que elas buscassem o *soft power* dos compromissos comerciais e do crescimento econômico como alternativas ao *hard power* da força militar ou do confronto geopolítico. Mas as nações não precisam escolher. Há um outro paradigma – podemos chamá-lo de "nação rica, exército forte", um lema que surgiu no Japão da era Meiji, no final do século XIX – segundo o qual as nações buscam a integração e a adaptação às instituições ocidentais não para abrir mão da disputa geopolítica, mas como uma maneira de levá-la adiante com maior sucesso.

A ASCENSÃO DA CHINA

OS CHINESES TÊM SEU PRÓPRIO LEMA para isso: "um país próspero e um exército forte."[30] Há sessenta anos, a China estava no chão, despedaçada por conflitos domésticos, invadida, ocupada, vulnerável, pobre e isolada. Hoje, ela é um gigante econômico e geopolítico em ascensão, segura dentro de suas fronteiras. Sua economia está em aceleração para se tornar a maior do mundo. Seu poder militar cresce de modo consistente. Sua influência política está se expandindo junto com o seu poder econômico e militar. Talvez nenhuma outra nação jamais tenha avançado tão rapidamente da fraqueza para a força.

O poder muda os povos, e eles mudam as nações. Muda a percepção que eles têm deles mesmos, de seus interesses, do seu lugar adequado no mundo, de como eles esperam ser tratados pelos outros. É por isso que a ascensão de grandes potências produziu tão freqüentemente tensões no sistema internacional ao longo da história, e até mesmo grandes guerras. Os antigos egípcios, persas e gregos; os romanos, francos, otomanos e venezianos; os franceses, espanhóis, britânicos, russos, alemães, americanos e japoneses – todos eles combateram e lutaram, com vários graus de sucesso, para abrir espaços para si mesmos que condissessem com seus poderes militares e economias crescentes, e para moldar o mundo de acordo com os interesses e crenças que percebiam como seus.

Na época de otimismo que se seguiu à Guerra Fria, a esperança era de que a China tomasse um rumo diferente. Como a humanidade havia entrado numa nova era de globalização e interdependência, como a velha geopolítica e a competição entre potências tinham sido substituídas pela nova geoeconomia, com o seu imperativo da cooperação, muitos esperavam que uma nação como a China pudesse crescer sem desafiar violentamente a ordem internacional. Em vez da "soma-zero", as relações da China com o mundo seriam do tipo "todo mundo ganha".

Certamente era assim que os chineses queriam ser vistos. Como o acadêmico chinês e teórico do Partido Comunista Zheng Bijian colocou alguns anos atrás, a China não iria "seguir os passos da Alemanha que levaram à Primeira Guerra Mundial, ou os da Alemanha e do Japão que levaram à Segunda Guerra Mundial", nem os das "grandes potências competindo pelo domínio global durante a Guerra Fria". A China iria "transcender o modo tradicional com que grandes potências emergiram", e "lutar pela paz, pelo desenvolvimento e pela cooperação com todos os países do mundo".[31]

As democracias procuraram lidar com a ascensão da China incluindo o país econômica e diplomaticamente, envolvendo-o em uma forte rede de laços comerciais, e aceitando o seu engajamento nas organizações políticas e comerciais internacionais, tudo no esforço de facilitar a sua superação das tradicionais políticas de força, e de conduzi-lo para uma existência pós-moderna e segura no século XXI.

Em alguns aspectos, a estratégia teve sucesso. De fato, o envolvimento e a dependência cada vez maiores da China em relação à economia global fizeram dela um "membro mais responsável" no sistema econômico internacional e, até agora, um jogador bastante cauteloso no cenário internacional. Os chineses desenvolveram um interesse pelo bom andamento da economia global, e particularmente da economia americana, da qual a China depende para sobreviver.

Mas não é tão fácil escapar da história, e a China tem se comportado como as potências emergentes anteriores.

A crescente economia chinesa não apenas englobou a China no mundo. Ela deu ao povo chinês e aos seus dirigentes uma nova confiança, um novo orgulho e um sentimento nada absurdo de que o futuro lhes pertence. Sua recém-descoberta pujança econômica reviveu antigas percepções do que os americanos chamariam de destino manifesto, uma profunda crença de que a China já foi e será novamente uma força central no mundo. Por mais de um milênio, a China foi a potência hegemônica na Ásia, a única civilização avançada num mundo de bárbaros, o centro de seu próprio universo, o Reino do Meio, tanto espiritual quanto geopoliticamente. No início do século XIX, a China se descobriu estagnada, "jogada para as margens" de um mundo que, de repente, se tornava eurocêntrico.[32] O "século de humilhação" que se seguiu foi tão vergonhoso justamente porque a queda da China foi de uma altura extremamente gloriosa.

Atualmente os chineses acreditam que a antiga centralidade de sua nação, apropriadamente ajustada aos novos tempos e circunstâncias, pode, deve e será restaurada.[33] Eles cada vez mais olham para trás, para a época imperial, em busca de orientação para o futuro.[34] Os pensadores e estrategistas chineses prevêem o despontar de uma nova era de hegemonia da China na Ásia Oriental. Alguns percebem o mundo dividido em duas esferas geopolíticas: uma esfera euro-atlântica, dominada pelos Estados Unidos, e uma esfera asiática, dominada pela China. Outros vêem o mundo dividido em três zonas monetárias: a do dólar, a do euro e a do yuan chinês. Mas ninguém imagina um futuro no qual a Ásia Oriental continue sendo uma área de competição entre a China e o Japão, ou mesmo entre a China e os Estados Unidos. Eles consideram a tendência à hegemonia chinesa na região impossível de ser interrompida por qualquer força externa.

Hoje, os chineses medem a sua grandeza pelo respeito que sua nação recebe no sistema internacional, pelo novo peso da China nos conselhos econômicos internacionais, pela atenção recebida das outras nações e das empresas multinacionais mais poderosas do mundo. Com o seu assento no Conselho de Segurança da ONU e os convites para o G8, a China também tem grande peso nos conselhos diplomáticos do mundo, e um peso ainda maior na sua região, em fóruns como a Cúpula da Ásia Oriental e a ASEAN.

Como todas as grandes potências, porém, também há um aspecto militar nessa grandeza. O jornal oficial *Liberation Army Daily* explica que "à medida que o poder total da China está crescendo cada vez mais e o seu status continua se elevando nas questões internacionais, é um aspecto de grande importância o esforço de construção de uma força militar que seja compatível com o status chinês e com a tarefa de defender os interesses do desenvolvimento da China, para assim fortalecer o status internacional da mesma".[35]

Ao mesmo tempo em que se torna uma grande potência comercial, a China também está se tornando uma potência militar. Afinal, nações comerciais não são pacíficas. Os Estados Unidos, a Grã-Bretanha, a Espanha, Veneza e a antiga Atenas formaram poderosas Marinhas para defender seus interesses comerciais de longo alcance, e puderam sustentar essas Marinhas com as riquezas produzidas pelo comércio. Conforme a China foi transformando sua economia, da autarquia dos anos Mao para o atual envolvimento profundo com a ordem econômica liberal internacional, ela também foi ganhando uma nova série de interesses econômicos de longo alcance. Hoje, a China é o maior consumidor mundial de matérias-primas, pegando tudo – desde petróleo e gás natural até madeira e metais – das ansiosas mãos dos produtores e comerciantes da Ásia, do Oriente Médio, da África e da América Latina. Ela depende de mercados estrangeiros na Europa e nos Estados Unidos, que ficam do outro lado de vastos oceanos. "A China nunca antes esteve ligada de maneira tão próxima ao resto do mundo como hoje",[36] notaram os autores de um relatório oficial de defesa da

China de 2006. Por isso, o país precisa de forças armadas modernas e capazes.

Desde o final da Guerra Fria, a China tem gastado somas cada vez maiores de sua crescente riqueza na modernização e no fortalecimento das suas forças armadas. Embora a China não encare "nenhuma ameaça militar externa tangível ou imediata", e esteja mais forte e segura em suas fronteiras do que em qualquer momento da era moderna, com a atual taxa de crescimento – mais de 10% ao ano ao longo da última década – ela logo estará gastando mais com as suas forças armadas do que todas as nações da União Européia juntas.[37] Isso fez com que a sua doutrina estratégica mudasse, da defesa do próprio país contra invasões estrangeiras, para uma estratégia de projeção da sua força a outros territórios. Oficiais chineses falam em estender as fronteiras estratégicas progressivamente para fora, para o que chamam de três "cadeias de ilhas": a primeira indo do Japão às Filipinas, passando por Taiwan; a segunda, da Sacalina até as ilhas da Oceania; e a terceira, das ilhas Aleutas, no Alasca, até a Antártica.[38] Por mais que a Marinha chinesa continue longe de atingir essas ambições mais distantes, os chineses têm consistentemente substituído suas antiquadas forças navais e aéreas por modernos navios e aviões, quase todos comprados da Rússia. Dentro de poucos anos a China terá praticamente dobrado sua frota de submarinos modernos e de destróieres capazes de lançar mísseis teleguiados.[39] Pela primeira vez em séculos, a China vê a si mesma como uma potência naval.[40]

Por trás da mudança de estratégia está não apenas uma percepção mais ampla dos seus interesses, mas também uma crescente sensação de orgulho nacional. "Nacionalismo" é uma palavra feia no léxico iluminista pós-moderno, mas não há vergonha nenhuma em um governo restabelecer a honra de uma nação.[41] O orgulho pelo crescente status internacional da China se tornou uma das grandes fontes de legitimidade da oligarquia que comanda o Partido Comunista Chinês. O nacionalismo popular, às vezes tendo como alvo o Japão, às vezes os Estados Unidos, cresceu acentuadamente nos anos 1990. Parte desse nacionalismo se deve aos programas educacionais do governo, planejados para reforçar a legitimidade do Partido Comunista como defensor da nação chinesa. Mas outra parte vem naturalmente da mistura do ressentimento histórico com o senso de um novo poder. Em meados da década de 1990, os nacionalistas chineses expressaram sua oposição ao Ocidente marchando sob o lema "A China pode dizer não". Mas não são apenas os nacionalistas fervorosos que se aprazem com a virada de mesa em relação às grandes potências ocidentais; como disse um diplomata chinês, "agora é hora de nós falarmos e eles ouvirem".[42]

Essa equação de força militar com uma boa posição e respeitabilidade internacional pode estar confundindo as percepções pós-modernas. Na Europa, e até nos Estados Unidos, muitos acreditam que o poder militar e o nacionalismo são uma combinação fatal, que deve ser relegada ao passado. O fortalecimento militar da China tem gerado preocupações e queixas dos seus vizinhos, dos Estados Unidos e mesmo da Europa. Eles têm questionado a legitimidade desse fortalecimento, e pedem mais "transparência", insistindo para que a China revele mais honestamente a extensão e os custos dos seus programas militares, assim como suas intenções. Por trás dessa reclamação mundial sobre os planos militares da China está o pressuposto pós-moderno de que uma nação cada vez mais rica e segura como esta não precisa ampliar sua capacidade militar, nem buscar sua auto-afirmação protegendo o acesso a recursos e mercados. Os economistas ocidentais não conseguem entender os esforços da China em fechar acordos com os repugnantes líderes das nações produtoras de petróleo, ou em ampliar sua capacidade naval para proteger as rotas oceânicas pelas quais passam seus suprimentos energéticos. Será que os chineses não entendem que em um mundo globalizado é possível comprar petróleo no mercado sem ter relações próximas com os déspotas do petróleo do mundo? Será que eles não vêem que o mundo globalizado do comércio internacional tem interesse em manter as rotas oceânicas abertas, e, portanto, o fortalecimento da China é desnecessário?

Os governantes chineses não acreditam em nada disso, e com razão. A exemplo de todas as potências emergentes ao longo da história, como os Estados Unidos, o Japão e a Alemanha no final do século XIX, eles temem que o resto do mundo conspire contra eles. Como os russos, os chineses acreditam que para ser uma grande potência eles precisam ser independentes e autoconfiantes. Por décadas, a China, como a maioria das outras nações do mundo, permitiu que a Marinha americana fosse a grande protetora dos seus interesses exteriores, patrulhando as rotas oceânicas, protegendo os fornecimentos de petróleo, assegurando o livre fluxo do comércio internacional com seus navios de guerra e porta-aviões. Por exemplo, a Marinha americana patrulha o estreito de Malaca, a rota mais importante da China para o petróleo do Oriente Médio. Mas ultimamente o primeiro-ministro Hu Jintao está preocupado com o "dilema de Malaca". Esse dilema não é novo. É a percepção que os chineses têm de si mesmos que está mudando à medida que o seu poder cresce. Conforme eles se fortalecem, começam a temer que sejam impedidos de satisfazer suas ambições e cumprir seu destino, que neguem a eles todo o crescimento nacional e a posição internacional que eles acreditam precisar e merecer. E eles temem que a frustração das ambições cada vez maiores do povo acabe provocando a sua queda.

Os chineses têm considerado os Estados Unidos hostis às suas ambições há décadas. Muito antes de os europeus começarem a expressar preocupação com a "hiperpotência", muito antes de a opinião pública mundial se queixar da arrogância e da hegemonia dos EUA, observadores chineses apontavam para as suas ambições "super-hegemônicas".[43] Eles estavam conscientes de que a nova ordem mundial de George H. W. Bush significava o predomínio dos Estados Unidos, com a Rússia e a China com claros papéis secundários. Eles sabiam tudo sobre a idéia de nação indispensável. A condenação da violência na Praça da Paz Celestial liderada pelos Estados Unidos, que acabou provocando a derrota da candidatura chinesa às Olimpíadas de 2000; o confronto entre os Estados Unidos e a China a respeito de Taiwan em 1995 e 1996, que acabou com o envio de dois porta-aviões e suas escoltas para as águas da China; e, por fim, a Guerra de Kosovo, que provocou a ira chinesa mesmo antes que a Força Aérea americana bombardeasse a embaixada da China em Belgrado – todos esses eventos produziram entre os chineses a percepção de que os Estados Unidos não eram "apenas arrogantes", mas estavam procurando ativamente "impedir a China de prosperar e conquistar o seu lugar de direito, no topo do sistema mundial".[44] O atual primeiro-ministro chinês, Wen Jiabao, acreditava antes mesmo de 2001 que os Estados Unidos estavam "tentando preservar seu status de única superpotência mundial, e não darão a nenhum país a chance de desafiá-lo".[45] Nos últimos anos do governo Bill Clinton, os estrategistas chineses não viam o mundo multipolar que eles esperavam e desejavam, mas um mundo no qual "a superpotência está ainda mais super, e as muitas grandes potências estão menores".[46]

Não é de se surpreender que os chineses tendam a desconsiderar a visão pós-moderna de que o poder nacional, incluindo o poder militar, é coisa do passado. Eles podem até falar em transcender a geopolítica tradicional. Podem alegar não ter qualquer interesse nas formas tradicionais de poder. Sua política atual, porém, consiste em acumular mais poder. E ninguém deve culpá-los por ver o mundo como ele é. Europeus e americanos podem insistir para que a China procure um modelo de desenvolvimento diferente e mais "responsável" como grande nação, podem dizer que ela devia abraçar a era da geoeconomia e da globalização. Mas os chineses podem muito bem perguntar se o mundo é realmente como os europeus imaginam, e se os próprios Estados Unidos alguma vez seguiriam esse conselho e abririam mão da política do poder.

A verdade é que a Ásia não é a União Européia e a China não é Luxemburgo. As ambições chinesas, o seu desejo por independência estratégica, a sua crescente consciência da própria importância, a sua preocupação com o status e a honra, e a ampliação da capacidade militar que o país está realizando para estabelecer e defender sua nova posição no mundo não são ações de uma potência pós-moderna, ou de uma potência do status quo, mas sim de uma potência emergente do tipo mais tradicional e normal.

Todos os dias os militares chineses se preparam para uma possível guerra com os Estados Unidos por Taiwan. É uma guerra que o governo chinês gostaria muito de evitar, mas que acredita que talvez seja inevitável em algum momento. As lideranças chinesas, com o apoio do povo chinês, insistem em que Taiwan deve ser por fim "reunificado" à China, e que isso é um interesse nacional vital. Eles afirmam que prefeririam entrar em guerra, mesmo contra os poderosos Estados Unidos, a permitir a independência de Taiwan. Portanto, preparam-se para isso.

Por que os chineses se sentem assim? Nenhuma potência genuinamente pós-moderna, interessada apenas no "desenvolvimento pacífico" e em transcender o tradicional caminho das grandes potências, sustentaria uma posição como essa. Depois de mais de um século de separação, depois de décadas da independência taiwanesa de fato, a sociedade, a cultura e a economia chinesa não estão sentindo a falta dos 24 milhões de taiwaneses, a maioria dos quais não se considera parte da China. Os dois lados estão envolvidos em um comércio de bilhões de dólares que é mutuamente lucrativo, e não ganhariam muito mais se Taiwan de repente hasteasse a bandeira do governo de Pequim. A China pode achar a aspiração de independência de Taiwan questionável. Mas, na Europa, todo tipo de movimento subnacional aspira a maior autonomia ou mesmo independência dos seus governos nacionais, e com menos razão que Taiwan: os catalães na Espanha, os flamengos na Bélgica e até os escoceses no Reino Unido. Mas nenhuma guerra ameaça Barcelona, Antuérpia ou Edimburgo.

Os chineses e os europeus, no entanto, vivem em séculos diferentes. Com relação a Taiwan, a mentalidade da China é a do século XIX. A questão não é só de interesses materiais. Envolve o orgulho e a honra da nação, que estão ligados de forma bem próxima com a questão da soberania nacional. Os chineses acreditam que essa soberania foi roubada no século XIX, e a querem de volta. Injustiças e ofensas do passado precisam ser corrigidas para que a nação possa avançar para o futuro com orgulho e autoconfiança. Essas questões não são triviais. Historicamente, as nações têm considerado que vale a pena lutar pelo orgulho e pela honra, freqüentemente em detrimento de interesses econômicos, e disputas territoriais têm sido muitas vezes a causa de guerras.

O que começou como o desejo da China de restaurar seu orgulho e sua honra, além disso, se mistura com a questão maior de suas históricas ambições regionais. A recusa de Taiwan em se juntar ao continente e os seus persistentes esforços para obter maior reconhecimento internacional, e talvez até a independência, são problemáticos não apenas por ficarem no caminho da unificação; representam também uma negação, uma humilhante rejeição da centralidade de Pequim na Ásia, por um povo incontestavelmente chinês. Se Taiwan não aceita a liderança da China na Ásia Oriental, quem se pode esperar que aceite? Ao rejeitar a unificação, os taiwaneses se colocam como aliados de uma hegemonia regional na Ásia determinada pelos Estados Unidos. Para os chineses, na verdade, Taiwan se tornou a encarnação da hostilidade ideológica e da oposição estratégica dos Estados Unidos no pós-Guerra Fria. É um "campo de batalha substituto" no confronto sino-americano.[47]

Os americanos às vezes sentem o mesmo. Quando o governo Clinton mandou os porta-aviões para o estreito de Taiwan em 1996, o secretário de defesa William Perry declarou que "Pequim precisa saber, e essa frota americana vai lembrá-los disso, que por mais que eles sejam uma grande potência militar, a maior potência militar no Pacífico ocidental são os Estados Unidos".[48]

Se a Ásia Oriental de hoje lembra a Europa do final do século XIX e do começo do século XX, então Taiwan pode ser a Sarajevo do confronto sino-americano. Um incidente comparativamente menor, uma declaração provocativa do presidente de Taiwan ou uma resolução do seu parlamento pode enfurecer a China e levá-la a se decidir pela guerra, apesar de sua relutância. Seria reconfortante imaginar que tudo isso se dissiparia se a China ficasse mais rica e confiante, mas a história sugere que, à medida que a China fica mais confiante, ela se torna menos tolerante com os obstáculos no seu caminho, e não o contrário. Os próprios chineses têm poucas ilusões a esse respeito. Eles acreditam que essa grande rivalidade estratégica só vai "aumentar com a ascensão da potência chinesa".[49]

JAPÃO: UM RETORNO À NORMALIDADE

A CHINA E OS ESTADOS UNIDOS não são os únicos atores no cenário asiático. A China não é a única grande potência asiática com ambições e aspirações por influência e estatura globais maiores. Existem ainda o Japão e a Índia. A outra grande fissura da nova geopolítica forma um arco que vai do nordeste da Ásia até o sudeste, passando por dentro da Ásia Central, onde os interesses e ambições da China, do Japão, da Índia, da Rússia e dos Estados Unidos se sobrepõem uns aos outros e colidem.

Como todo mundo se concentra na ascensão da China como uma grande potência, é fácil esquecer que o Japão também é uma grande potência. Sua economia continua a segunda maior do mundo, um fato notável, considerando sua população relativamente pequena, seu território exíguo e a falta de recursos naturais. Além disso, o exército japonês é um dos mais modernos do mundo. Embora o Japão gaste pouco mais de 1% da sua riqueza nacional em defesa, isso significa 40 bilhões de dólares por ano, o que o coloca entre os três ou quatro maiores orçamentos de defesa do mundo. E apesar de o Japão não ser uma potência nuclear, e não querer se tornar uma, no caso de uma crise o país poderia construir um potente arsenal nuclear com rapidez.[50]

O Japão não apenas é uma genuína grande potência, mas cada vez mais demonstra ambições de uma grande potência. A mudança tem sido mais clara a partir do final da Guerra Fria. Muitos pensadores e estrategistas japoneses inicialmente compartilharam o otimismo generalizado sobre a natureza do sistema internacional pós-Guerra Fria. Mas esse otimismo diminuiu mais rápido na Ásia do que na Europa. Uma crescente percepção do perigo representado pela China e pela Coréia do Norte convenceu os governantes japoneses e boa parte da opinião pública do país de que o nordeste da Ásia permanecia um mundo onde a política da força continuava importando e uma guerra ainda era possível.[51] Desde meados da década de 1990, o Japão elevou o status do Ministério da Defesa, aumentou (embora pouco) a porcentagem de dinheiro gasto com defesa, fortaleceu suas relações de segurança com os Estados Unidos, expandiu a presença mundial do exército japonês, incluindo as missões de paz, ofereceu assistência no Iraque e no Afeganistão, e, de modo geral, ampliou a visão sobre o papel da força japonesa no mundo.

Embora as políticas do Japão tenham sido voláteis, "não é difícil identificar o impulso nacionalista por aqui hoje", como notou um observador da sociedade japonesa. "Ele se revela em revistas em quadrinhos e filmes, no entusiasmo pela Copa do Mundo de futebol, na indignação com os mísseis da Coréia do Norte e, longe de ser o menos importante, no nervosismo do Japão com a crescente influência da China." E ninguém deve imaginar que a prosperidade japonesa seja o antídoto, como não é no caso da China ou no da Rússia. "O Japão está tentando descobrir sua genuína identidade", observa o político veterano Koichi Kato. "Por décadas nós pensamos que ela estava nas conquistas econômicas, em alcançar os Estados Unidos. Mas nós já conseguimos isso. Nós somos ricos. Então, nos últimos vinte anos, nós temos examinado nossa consciência, em busca de alguma coisa a que aspirarmos em seguida."⁵² Ser relegado a um status de segunda classe pela ascensão da China não está entre essas aspirações.

A rivalidade entre o Japão e a China é uma das características mais persistentes da paisagem mundial, remontando ao final do século XIX e a muitos séculos antes disso. Por mais de mil anos os chineses olharam com desprezo para os japoneses, como uma raça inferior dentro do seu universo sino-cêntrico. Eles tratavam os japoneses ou "de forma benevolente, como um aluno ou um irmão mais novo", ou de forma malevolente, como uma nação de piratas, mas a superioridade chinesa e a inferioridade japonesa faziam parte da ordem natural das coisas e eram a única base para relações realmente "harmoniosas".⁵³

Então, no final do século XIX, um Japão em ascensão, ocidentalizado – "nação rica, exército forte" – acabou com a China na guerra de 1895. Os acadêmicos chineses continuam a considerar essa a maior humilhação da longa história de sua nação. Durante a era de ocupação japonesa que se seguiu, a China não foi apenas humilhada, mas sofreu agressões de natureza especialmente brutal, cujo símbolo máximo foram os horrores perpetrados em Nanquim na década de 1930. Esse tipo de memória não morre facilmente.⁵⁴ Quando o povo chinês canta seu hino nacional – "Levantem-se, Vocês que se recusam a ser escravos!... Milhões de corações com uma mente... Todos devem bradar em desafio!" –, está se referindo à invasão japonesa, de que os chineses mais velhos ainda conseguem se lembrar, e todas as crianças da China aprendem na escola como foi. Colocar o Japão de volta no seu lugar, restaurando a ordem harmoniosa da superioridade chinesa, assim como a aceitação dessa superioridade por parte dos japoneses, é uma importante ambição chinesa, embora não declarada.

Os japoneses não gostam mais dos chineses do que esses últimos gostam deles. Eles não ficam satisfeitos com o papel de irmão menor. Eles sabem que a China usa as memórias da Segunda Guerra Mundial para tentar isolar o Japão do resto da Ásia. Essa é uma razão, embora não seja a única, pela qual os primeiros-ministros japoneses até pouco tempo têm visitado desafiadoramente o Santuário de Yasukuni, onde japoneses considerados criminosos de guerra por outras nações são honrados. Os líderes japoneses relutam em se curvar aos protestos chineses numa época em que sinais do crescente poder e hegemonia da China parecem inquestionáveis. O fortalecimento do exército chinês, que começou na década de 1990, os testes nucleares realizados pela China em 1995 e 1996, os mísseis balísticos lançados na costa de Taiwan, as reivindicações territoriais chinesas no Mar da China Oriental e Meridional – tudo isso teve efeito sobre a opinião pública japonesa. A percepção de que a balança de poder pode estar mudando do Japão para a China certamente ajudou a impulsionar o nacionalismo japonês, assim como os esforços do Japão em conter essa tendência se aproximando dos Estados Unidos e de outras potências asiáticas.

Esse profundo fosso, alimentado por séculos de conflitos, não foi desfeito por duas décadas de livre comércio e globalização. A China se tornou o maior parceiro comercial do Japão, quatro milhões de turistas e homens de negócios viajam entre os dois países todo ano, e o mandarim agora é a segunda língua estrangeira mais estudada no Japão, atrás do inglês.[55] Ainda assim, a hostilidade entre os dois povos continua a crescer e a se aprofundar.[56] Entre 1988 e 2004, a porcentagem de japoneses com sentimentos positivos em relação à China caiu de 69% para 38%.[57]

A competição entre a China e o Japão continua a ser a principal característica da geopolítica asiática. Ambos buscam aumentar seu status e seu poder em relação ao outro, tanto nos campos da economia e da política, quanto na área militar e estratégica. Os diplomatas chineses trabalham para evitar que o Japão ganhe um assento permanente no Conselho de Segurança da ONU. A política externa japonesa tem buscado manter relações mais próximas com Taiwan. Se a China tomar medidas militares contra Taiwan, os japoneses veriam isso como uma séria ameaça à sua segurança nacional. Ambas as nações competem por amigos e aliados, no Sudeste Asiático, no Sul da Ásia e na Europa. Uma tenta se sair melhor que a outra nos fóruns diplomáticos. E os dois países buscam consolidar relações militares com outros estados asiáticos.

A ÍNDIA E O ARGUMENTO DO PODER

NA ÁSIA, ENTRETANTO, acontece uma competição tripla, não dupla. A Índia é a terceira grande potência ambiciosa, hegemônica no subcontinente asiático. O país é outro grande exemplo de como a globalização pode contribuir para aumentar as ambições nacionais das grandes potências, em vez de diminuí-las. O maior exemplo de sucesso no mundo "plano" de Thomas Friedman, com taxas de crescimento que se aproximam das chinesas nos últimos anos, o dinâmico setor de serviços e as indústrias de alta tecnologia da Índia são especialmente adequados para prosperar na era da globalização. Mas a Índia não é um *call center* sem corpo, suspenso no éter global. É uma nação de carne e osso, com todas as paixões, ressentimentos e ambições do espírito humano. O mesmo dinamismo econômico e o mesmo mergulho na competição comercial global que tirou a Índia de dentro da sua concha economicamente também a tirou de sua concha geopoliticamente.

Como a China, a Índia tem uma orgulhosa história de primazia regional, um profundo ressentimento em relação a sua longa subjugação colonial por uma potência européia, um senso de destino manifesto, e uma crença em sua iminente grandeza no cenário mundial. A consciência da própria grandeza não é algo novo, mas ela mudou com o tempo. Nos anos que se seguiram à independência, a Índia considerava a si mesma não como uma grande potência tradicional, mas como um grande contrapeso moral às potências imperiais e às superpotências do século XX. Como explica C. Raja Mohan, os líderes indianos expressavam desprezo pela "política da força", e viam sua nação emergir na cena mundial como "a precursora de um novo conjunto de princípios de coexistência pacífica e de multilateralismo, que, se devidamente aplicados, transformariam o mundo" – um modo de ver o mundo no estilo europeu, antes mesmo que os europeus o adotassem.[58]

O rápido crescimento econômico da década de 1990, no entanto, deu aos indianos uma imagem diferente de si mesmos como uma grande potência, não em um sentido pós-moderno, mas em um sentido geopolítico tradicional. Como nota Mohan, "Por mais que a Índia independente sempre tivesse tido uma noção de sua própria grandeza", a possibilidade de se tornar uma grande potência de fato "nunca pareceu realista até a economia indiana começar a crescer rapidamente na década de 1990". Com poderes maiores vem uma maior crença no poder. Como os chineses, japoneses e russos, os indianos perceberam que o mundo pós-Guerra Fria não era um paraíso pós-moderno no final das contas, e que a política da força continuava dominando as relações internacionais. Desde 1991, a Índia deixou de enfatizar "o poder do argumento" e passou a acentuar o "argumento do poder".[59]

Nada é mais representativo dessa busca de poder do que a obstinada determinação da Índia em ser reconhecida e aceita como um Estado nuclear. O sucesso econômico tem um papel fundamental aqui, pois quando os líderes indianos tomaram a crucial decisão de realizar uma série de testes nucleares em 1998, o crescimento econômico da década anterior deu a eles a autoconfiança para acreditarem que o mundo não iria punir uma parte tão valorizada da economia global por muito tempo. As ambições nucleares da Índia se baseiam em preocupações estratégicas com relação a possíveis conflitos com o Paquistão e o seu patrono, a China. Mas elas também são uma questão de honra, status e auto-respeito. Uma nação pode se considerar uma grande potência no mundo moderno se não for membro do clube nuclear? Pergunte para a França, a Grã-Bretanha, a China ou o Irã.

Como observa bem-humorado o acadêmico Sunil Khilnani, agora os indianos "ficaram apaixonados pela idéia de que nós logo nos tornaremos convidados permanentes na recepção perpétua das grandes potências, portanto precisamos balançar a poeira e nos vestir para a festa". Mas, ele se pergunta: Qual deve ser o papel da Índia?[60] Como a Rússia e a China, a Índia percebe seus interesses geopolíticos em círculos concêntricos de poder e influência emanando para fora do seu território. Na sua vizinhança mais próxima ela busca a primazia, um tipo de hegemonia benevolente, exercendo uma influência predominante sobre vizinhos pequenos como o Nepal, o Sri Lanka e as maiores ilhas do Oceano Índico, e ao mesmo tempo impedindo outras grandes potências, principalmente a China, de estabelecer relações com esses Estados menores na periferia da Índia. Na sua "vizinhança ampla", que inclui o Oceano Índico e seu vasto litoral, ela tem buscado preservar um equilíbrio de poder favorável e evitar que outros países, principalmente a China, outra vez, consigam ganhos a seu custo. Finalmente, no mundo como um todo, ela tem buscado exercer pelo menos o papel de "*swing state* na balança de poder mundial".[61] Como coloca Mohan, "a nova economia e a nova política externa da Índia deram ao país a oportunidade efetiva de realizar a visão de Lord Curzon, o vice-rei britânico na virada do século XX, de uma liderança indiana da região que vai do Áden até Malaca".[62]

Como todas as ambiciosas potências emergentes, a Índia encara obstáculos, e o maior deles, na visão de muitos indianos, é a China. Quando a Índia conduziu seus testes nucleares em 1998, o seu primeiro-ministro citou a ameaça da China, "um Estado nuclear na nossa fronteira, um Estado que cometeu uma agressão armada contra a Índia em 1962" e que "ajudou materialmente um outro vizinho nosso" – o Paquistão – "a se tornar um Estado nuclear velado".[63] O ministro da defesa indiano chamou a China diretamente de "ameaça número um à Índia".[64] Desde então, a Índia tem procurado moderar sua retórica e buscar melhores relações com a China, mas a competição estratégica entre as duas grandes potências permanece. Existem algumas velhas disputas de fronteira não resolvidas, e o apoio da China ao Paquistão continua a provocar irritação. Mas o conflito entre essas grandes potências também tomou novas formas.

Os oficiais de defesa indianos se queixam da "crescente expansão naval da China nas regiões do Oceano Índico", e de suas cada vez maiores "ligações militares e marítimas com países como Myanmar, Bangladesh, Sri Lanka, Maldivas, Seicheles, Ilhas Maurícios e Madagascar". Uma visita do primeiro-ministro chinês Hu Jintao a Seicheles no ano passado provocou uma reprovação oficial do ministro das relações exteriores da Índia, que declarou que o seu país tem "um forte envolvimento na segurança e estabilidade daquelas águas".⁶⁵ Os estrategistas indianos vêem a China financiando a Marinha de Myanmar ao seu leste, e a oeste a China está investindo na construção de um porto de águas profundas na costa do Paquistão, próximo à entrada do Golfo Pérsico. Os chineses, enquanto isso, encaram a Índia trabalhando para desenvolver laços militares mais próximos com as nações do Sudeste Asiático, área que Pequim considera pertencer a sua própria esfera de influência. Os estrategistas chineses vêem a Índia com desconfiança, como uma "potência fora do status quo... profundamente insatisfeita com o seu status internacional atual", e com evidentes "ambições de grande potência".⁶⁶ Ambas se vêem como líderes naturais nas suas partes da Ásia, mas cada vez mais suas esferas se cruzam e se sobrepõem, e nenhuma das duas está disposta a abrir caminho.⁶⁷

Uma guerra entre elas parece tão pouco provável como sempre foi – o que significa dizer que não é impensável. Mas mesmo sem qualquer perspectiva imediata de conflito, a sua competição geopolítica está reorganizando os padrões das relações internacionais. Como no final do século XIX e início do século XX, as grandes potências se combinam, criando alianças formais e informais, para proteger seus interesses e, além disso, suas ambições. A China tem a sua aliança com o Paquistão. A Índia, por sua vez, está desenvolvendo relações mais próximas com o Japão e com os Estados Unidos. Quando a China tentou excluir a Índia da Primeira Cúpula da Ásia Oriental, que aconteceu em dezembro de 2005, o Japão ficou do lado da Índia. Quando o Paquistão ofereceu à China status de observador na Associação Sul-Asiática para Cooperação Regional, a Índia trouxe o Japão, a Coréia do

Sul e os Estados Unidos para contrabalançar a influência de Pequim.[68] O Japão, enquanto isso, fez da Índia uma parceira em sua estratégia para a Ásia, dirigindo investimentos e assistência para o desenvolvimento do país, e se envolvendo em cooperações militares, especialmente no Oceano Índico. Quando os primeiros-ministros japonês e indiano se encontraram no ano passado em Nova Delhi, eles concordaram que "uma Índia forte, próspera e dinâmica interessa ao Japão, e um Japão forte, próspero e dinâmico interessa à Índia".[69]

Essas são as novas evoluções no equilíbrio de poder da Ásia, e as mudanças nas alianças têm cada vez mais uma dimensão militar. No verão de 2007, um grande exercício naval foi realizado na baía de Bengala, uma área estratégica, perto tanto de Myanmar quanto do estreito de Malaca. Entre os participantes estavam os Estados Unidos, com dois porta-aviões e suas escoltas, assim como Índia, Japão, Austrália e Cingapura. Foi a primeira vez que essas nações, cujas posições geográficas se estendem ao longo da periferia da China, do nordeste ao sudoeste, se uniram dessa forma. A China fez um protesto, como esperado, a cada nação que participou, e foi assegurada, também como se esperava, de que o exercício não tinha nada a ver com a contenção de nenhuma potência. Mas os exercícios foram um símbolo de um novo mundo fragmentário e um sinal dos acontecimentos que virão.

Outro sinal foram os exercícios militares terrestres sem precedentes realizados ao mesmo tempo na Rússia, durante os quais milhares de chineses e russos se juntaram às forças de cinco nações centro-asiáticas. Esses exercícios se seguiram ao encontro da Organização de Cooperação de Xangai, que teve como convidado o presidente do Irã, Mahmoud Ahmadinejad.

O IRÃ E A HEGEMONIA REGIONAL

TAMBÉM O IRÃ SE ENCAIXA no velho modelo de ambição nacional. Uma civilização antiga e orgulhosa, o Irã é famoso em sua região por um senso de superioridade, e até mesmo uma arrogância, além de uma crença no seu próprio destino. Como a China, a Índia e agora a Rússia, o Irã também tem um senso histórico de injustiça. Antes a grande superpotência do seu mundo, o Irã passou a maior parte dos últimos dois séculos sendo saqueado, colonizado e humilhado pelos impérios europeus. Como uma nação xiita numa região dominada por governos árabes sunitas, o país também se sente cercado teologicamente. Não é de se surpreender que o Irã deseje sair de sua posição e se afirmar, tanto por conta dos seus interesses quanto pela expectativa de honra e respeito. Como observa Ray Takeyh, o Irã acredita que em "virtude do seu tamanho e dos seus feitos históricos" ele tem "o direito de emergir como força hegemônica local" no Oriente Médio e no Golfo Pérsico. As únicas questões hoje em dia são "como consolidar sua esfera de influência, e até que ponto é possível emergir como força hegemônica regional desafiando ou se adaptando aos Estados Unidos".[70]

Até agora, a escolha tem sido pelo desafio. Como mais de um líder iraniano deixou claro, o Irã se define e tira sua nobreza da disposição de enfrentar os Estados Unidos, a superpotência predominante e arrogante, que por acaso também é o Grande Satã. Essas paixões e ambições vêm de muito antes do governo Bush, assim como a convicção do Irã de que apenas como um Estado com força nuclear poderá evitar as pressões da superpotência americana e de seus aliados. O Irã não aprendeu sua lição na Guerra do Iraque de 2003, mas na Guerra do Iraque de 1991, quando os Estados Unidos demonstraram o quão facilmente poderiam acabar até mesmo com o grande exército convencional iraquiano que o próprio Irã havia sido incapaz de derrotar. Mas o programa nuclear iraniano não é apenas uma questão de segurança. Como a Índia, o Irã busca obter armamento nuclear para se estabelecer como uma grande potência na sua região e além dela. Como o mundo liberal ocidental insiste em negar o "direito" iraniano ao poder nuclear, o caso também se tornou uma questão de honra.

Parece fantasiosa a idéia de que o atual regime iraniano estaria disposto a vender a sua honra e o seu auto-respeito, e, na verdade, a própria idéia que tem de si mesmo, em troca de bens materiais como dinheiro, ou de garantias de segurança pouco confiáveis vindas do Grande Satã. Em vez disso, a exemplo das outras potências ambiciosas lutando por melhores posições no mundo, o Irã busca parceiros com interesses comuns, ou pelo menos oponentes comuns. Ele não os encontra no Ocidente, mas sim no Oriente. Como apontou o alto oficial iraniano Ali Larijani, "existem grandes Estados no hemisfério oriental, como a Rússia, a China e a Índia. Esses Estados podem exercer o papel de contrapesos no mundo de hoje".[71]

O Irã, com a sua particular marca da ambição nacional, dificilmente fala por todo o mundo muçulmano. Osama Bin Laden também não. O Islã é muito diverso, não apenas por suas diferenças sectárias, mas por causa das múltiplas características do mundo muçulmano, que se estende da Indonésia ao Marrocos. Mesmo assim, os mulás e a Al Qaeda, e também grupos como o Hamas, o Hezbollah e a Irmandade Islâmica refletem sentimentos genuínos do mundo muçulmano, que não são tão diferentes dos ressentimentos nacionalistas dos russos, chineses e indianos. Como os movimentos nacionais de outros lugares, os movimentos islâmicos clamam por respeito, algo que inclui o auto-respeito, e desejam honra. Suas identidades foram moldadas parcialmente em oposição às potências estrangeiras mais fortes e freqüentemente opressoras, e também pela memória da antiga superioridade sobre essas mesmas potências. A China teve o seu "século de humilhação". Os islamitas têm mais de um século de humilhação para rever, e Israel se tornou o símbolo vivo dessa humilhação. É em parte por causa disso que até os muçulmanos que não são nem radicais nem fundamentalistas às vezes oferecem a sua simpatia e até o seu apoio a violentos extremistas que podem virar a mesa com relação ao Ocidente liberal, e particularmente com relação ao predomínio americano, que implantou e continua alimentando o câncer israelense em seu meio.

A AMBICIOSA SUPERPOTÊNCIA

E OS ESTADOS UNIDOS? Estará o tipo especial de nacionalismo e ambição do país, com seu senso de que tem uma missão universal e sua crença na justiça de seu próprio poder, menos potente hoje do que ao longo dos últimos dois séculos? O fim da Guerra Fria mudou os Estados Unidos, suavizou seus modos, relaxou seu firme controle sobre o poder mundial? Quando a União Soviética e o seu império entraram em colapso, os Estados Unidos deram um passo atrás no seu extenso envolvimento global e se tornaram mais passivos, restringindo sua presença no mundo?

A resposta a essas perguntas é não. Quando a Guerra Fria acabou, os Estados Unidos foram em frente. Sob a administração do primeiro presidente Bush e de Bill Clinton, o país estendeu e fortaleceu suas alianças. Começou a exercer influência em lugares como a Ásia Central e o Cáucaso, os quais a maioria dos americanos nem sabia que existiam antes de 1989. A potência americana, sem a oposição da potência soviética, preencheu os vácuos e tentou estabelecer, onde fosse possível, o tipo de ordem democrática e de livre mercado capitalista preferida pelos americanos. Embora as taxas de aumento nos gastos de defesa tenham declinado ao mínimo possível durante a década de 1990, os avanços tecnológicos na indústria bélica americana ultrapassaram de longe os do resto do mundo, e colocaram os Estados Unidos mais do que nunca na categoria especial de superpotência militar. O resultado natural foi uma maior disposição em empregar essa força para um amplo espectro de propósitos, da intervenção humanitária na Somália e no Kosovo à mudança de regime no Panamá e no Iraque. Entre 1989 e 2001, os Estados Unidos intervieram por meio da força em países estrangeiros mais freqüentemente que em qualquer outro momento da sua história – uma média de uma ação militar significativa a cada dezesseis meses – e muito mais que qualquer outra potência no mesmo período.[72]

Essa política global cara e até mesmo agressiva condizia com as tradições da política externa americana. A imagem que os americanos têm de si mesmos, a essência do seu patriotismo, está intrinsecamente ligada à crença na importância mundial histórica de sua nação. Inspirados por essa percepção do mundo e de si mesmos, os americanos acumularam poder e influência, e os têm utilizado em arcos cada vez mais amplos por todo o globo, em benefício dos seus interesses, ideais e ambições, tanto tangíveis quanto intangíveis. Como uma questão de estratégia global, eles preferem uma "preponderância do poder" a um equilíbrio de poder envolvendo outras nações.[73] Eles insistiram em preservar e, se possível, estender sua predominância regional na Ásia Oriental; no Oriente Médio; no Hemisfério Ocidental; até pouco tempo, na Europa; e agora, cada vez mais, na Ásia Central. Eles tentaram levar adiante mudanças no regime de governo onde consideraram que isso seria útil para favorecer os ideais ou os interesses americanos.[74] Eles ignoraram as Nações Unidas, seus aliados e as leis internacionais quando essas regras e instituições se tornaram obstáculos para os seus objetivos.[75] Os americanos têm sido impacientes com o status quo, e vêem os Estados Unidos como um catalisador das mudanças nas questões humanas. Como o ex-ministro das relações exteriores da França, Hubert Védrine, certa vez observou (durante o governo Clinton), a maior parte dos "grandes líderes e pensadores americanos nunca duvidou por um único instante que os Estados Unidos tenham sido eleitos pela providência como a 'nação indispensável', e que devem continuar dominando para o bem da humanidade".[76]

Desde a Segunda Guerra Mundial, quando, na visão dos americanos, os Estados Unidos correram para onde as brechas se abriam para salvar o mundo da autodestruição, o princípio que guia a política externa americana tem sido o de que não se pode confiar totalmente em ninguém para manter o mundo seguro para os princípios democráticos – não se deve confiar nos inimigos, é claro, mas também não nos aliados dos americanos. "Nós ficamos no alto e vemos mais longe no futuro que as outras nações", comentou a secretária de Estado Madeleine Albright, em 1998.[77]

Paradoxalmente, a maioria dos americanos não acredita que o país tenha qualquer ambição nacional, além da segurança e do bem-estar econômico básicos. Eles acreditam menos ainda que estejam buscando a primazia global. Os americanos se consideram por natureza um povo insular, que olha para dentro, sempre a um passo de recuar para a sua fortaleza – mesmo que, uma década após a outra, enviem tropas para dezenas de países espalhados pelo mundo e usem seu grande poder econômico, político e cultural para influenciar o comportamento de milhões e até bilhões de pessoas em outros países todos os dias. Na imaginação popular, e mesmo na visão da elite do establishment da política externa americana, os Estados Unidos são no máximo um "Xerife Relutante", com as suas botas sobre a mesa, pensando nos seus próprios assuntos até a próxima gangue de marginais entrar na cidade.[78] É como se os Estados Unidos tivessem, de alguma maneira, chegado ao atual pináculo sem precedentes do poder global por acidente, como se os americanos nem desejassem, nem gostassem do seu papel como potência mundial predominante.

A verdade é que eles tanto desejam quanto lamentam essa posição. Os americanos querem o que querem, ou seja, não apenas oportunidade econômica e segurança, mas também um mundo que esteja mais ou menos de acordo com suas preferências políticas e morais. No entanto, é claro que eles prefeririam não ter que pagar um preço tão alto para ter um mundo assim, e não é apenas o custo financeiro que os americanos gostariam de evitar, nem mesmo o custo de vidas. É também o custo moral, o peso ético do poder. O profundo republicanismo dos americanos sempre os fez suspeitar do poder, até do próprio poder. Mas ao moldar o mundo para se adequar aos seus valores, eles compeliram os outros a se curvar às suas vontades, às vezes pela força, outras vezes de maneiras mais sutis, mas não menos persuasivas. Uma nação que valoriza a autodeterminação fica numa posição desconfortável retirando das outras esse direito, mesmo por uma boa causa. Esse problema não é apenas dos Estados Unidos. A grande questão moral da humanidade, muito comentada por Reinhold Niebuhr e outros realistas do brutal período de meados do século XX, é que fins morais freqüentemente não podem ser atingidos sem se recorrer a ações que, por si mesmas, parecem moralmente dúbias. "Nós fazemos, e precisamos continuar a fazer, escolhas moralmente arriscadas para preservar a nossa civilização." Ser virtuoso não significa ser inocente.[79]

Teoricamente, os americanos poderiam desistir de tentar moldar o mundo a sua volta. Mas na prática eles não deixaram de fazer isso por um único instante, nem durante seus breves períodos de suposto isolacionismo. Em vez disso, sempre procuraram uma maneira de conciliar a sua necessidade de um certo modelo de mundo e o seu desejo de evitar os custos, incluindo os custos morais, de impor esse modelo aos outros.

Foi por isso que muitos americanos, de todas as facções políticas, se agarraram tão firmemente à nova ordem mundial. Era uma grande saída. Para os conservadores, a Guerra Fria foi uma luta ideológica contra o comunismo.[80] Quando o comunismo entrou em colapso, Jeane Kirkpatrick falou em nome da maioria dos conservadores, e talvez de muitos liberais, ao dizer que esperava que os Estados Unidos parassem de carregar o "peso extraordinário" da liderança global, suportado tão "heroicamente" durante a Guerra Fria, e finalmente se tornassem uma "nação normal".[81] Para muitos outros liberais americanos, a esperança era de que ocorresse algo um pouco diferente. À medida que o mundo abraçava valores democráticos, os Estados Unidos poderiam ajudar a construir o tipo de ordem internacional imaginada por Woodrow Wilson, um mundo de leis e instituições que sustentariam os princípios democráticos e defenderiam a moralidade e a justiça, sem exigir o constante e moralmente dúbio exercício de poder americano. Se o poder americano devia ser empregado, seria como o da nação indispensável, agindo em benefício da comunidade internacional.

O EIXO DA DEMOCRACIA E A ASSOCIAÇÃO DE AUTOCRATAS

ASSIM COMO AS EXPECTATIVAS pelo fim da competição entre grandes potências, no entanto, essas esperanças por um "fim da história" do ponto de vista ideológico estavam baseadas numa série de circunstâncias históricas que se provaram transitórias. O comunismo saiu de cena, mas outros poderosos desafiantes da democracia não.

Desde meados da década de 1990, a nascente transformação democrática na Rússia deu lugar a um sistema político que pode ser melhor descrito como "czarista", no qual todas as decisões importantes são tomadas por um homem e seu poderoso círculo.[82] Vladimir Putin e seus porta-vozes falam de "democracia", mas eles definem esse termo de modo bastante parecido com o dos chineses. Para Putin, a democracia não é tanto uma questão de eleições competitivas, mas sim da implementação da vontade popular. O regime é democrático porque o governo consulta e ouve o povo russo, discerne o que ele precisa e quer, e então procura dar. Como nota Ivan Krastev: "O Kremlin não pensa em termos dos direitos dos cidadãos, mas em termos das necessidades da população."[83] As eleições não oferecem escolhas, apenas uma chance de ratificar as escolhas feitas por Putin. Ele controla todas as instituições do governo federal, do gabinete ao poder legislativo. O sistema jurídico é uma ferramenta a ser usada contra oponentes políticos. Grupos políticos não aprovados por Putin foram expurgados do sistema partidário. O aparato de poder ao redor de Putin controla a maior parte da mídia nacional, especialmente a televisão.[84]

A maioria dos russos parece contente com o governo autocrático, pelo menos por enquanto. Ao contrário do comunismo, o governo Putin não se mete muito na vida pessoal dos cidadãos se eles ficarem fora da política. Diferente da experiência com a tumultuada democracia russa da década de 1990, o atual governo pelo menos proporcionou uma melhoria no padrão de vida, graças aos altos preços do petróleo e do gás. O esforço de Putin em desfazer os humilhantes arranjos do pós-Guerra Fria e restabelecer a grandeza da Rússia é popular. Seus conselheiros políticos acreditam que "tirar proveito da queda da União Soviética nos manterá no poder".[85]

Para Putin, há uma simbiose entre a natureza de seu governo e o seu sucesso em devolver à Rússia o status de grande potência. A firmeza e o controle sobre os assuntos internos permitem que a Rússia seja forte no exterior. A crescente influência internacional da Rússia também protege a autocracia de Putin das pressões estrangeiras. Os governantes da Europa e da América acreditam que, em uma gama de assuntos internacionais, uma Rússia forte pode tornar a vida mais fácil ou mais difícil, do fornecimento de energia à situação do Irã. Sob essas circunstâncias, eles estão bem menos dispostos a confrontar o governo russo com relação à justiça de suas eleições ou à abertura de seu sistema político.

Putin criou uma filosofia nacional norteadora a partir da correlação entre o poder externo e a autocracia interna. Ele chama a Rússia de uma "democracia soberana", termo que abarca de forma precisa o retorno da grandeza russa, a esquiva do país das imposições do Ocidente e a adoção de um modelo "oriental" de democracia. Na visão de Putin, apenas uma Rússia grande e poderosa será forte o suficiente para defender e perseguir seus interesses, e também para resistir às demandas por reformas políticas ocidentais, que a Rússia não precisa e nem quer.[86] Na década de 1990, a Rússia exerceu pouca influência no cenário mundial, mas se abriu amplamente para as intrusões de homens de negócios e governos estrangeiros. Putin quer que a Rússia tenha uma grande influência sobre os outros países pelo mundo, defendendo-se, ao mesmo tempo, da influência de forças globais indesejadas.[87]

Putin olha para a China como um modelo, e por uma boa razão. Enquanto a União Soviética entrou em colapso e perdeu tudo depois de 1989, primeiro com Mikhail Gorbachev e depois Boris Yeltsin pedindo a paz com o Ocidente e convidando a sua interferência, os líderes chineses venceram a própria crise desafiando o Ocidente. Eles tomaram duras medidas internas e se prepararam para enfrentar as dificuldades, até a tempestade da desaprovação ocidental arrefecer. Os resultados nas duas grandes potências são instrutivos. No final da década de 1990, a Rússia estava no chão. A China estava a caminho de conquistar um crescimento econômico, um poder militar e uma influência internacional sem precedentes.

Os chineses também aprenderam com a experiência soviética. Enquanto o mundo democrático esperava que após os eventos da Praça da Paz Celestial a China seguisse o seu inevitável curso na direção da modernidade democrática liberal, as lideranças do Partido Comunista Chinês começaram a fortalecer seu domínio sobre a nação. Recentemente, apesar das repetidas previsões ocidentais com relação à iminente abertura política, a tendência tem sido mais de consolidação do que de reforma da autocracia chinesa. À medida que ficou claro que a liderança chinesa não tinha intenção de promover uma reforma que a tirasse do poder, os observadores ocidentais passaram a esperar que ela fosse levada a isso, contrariando os seus próprios interesses, nem que fosse para manter a China no caminho do crescimento econômico e para lidar com a miríade de problemas domésticos que esse crescimento traz. Mas até isso parece pouco provável. Hoje, a maior parte dos economistas acredita que o notável crescimento chinês será sustentável por algum tempo. Observadores atentos do sistema político chinês vêem uma combinação suficiente de competência e crueldade na liderança chinesa para lidar com os problemas que estão surgindo, e uma população disposta a aceitar um governo autocrático enquanto o crescimento econômico durar. Como escreveram os acadêmicos Andrew Nathan e Bruce Gilley, a atual liderança provavelmente não "sucumbirá diante da maré crescente de problemas, e nem se renderá feliz aos valores liberais infiltrados por meio da globalização econômica". Até que os eventos "justifiquem atitudes diferentes, um bom conselho para o mundo exterior seria tratar os novos líderes chineses como se eles estivessem ali para ficar".[88]

O crescimento na riqueza nacional e a autocracia se provaram compatíveis, afinal. Os autocratas aprendem e se ajustam. As autocracias da Rússia e da China descobriram como permitir uma atividade econômica aberta e, ao mesmo tempo, suprimir a atividade política. Elas viram que, se estiverem ganhando dinheiro, as pessoas manterão suas mãos fora da política, especialmente se souberem que suas mãos serão cortadas. A nova riqueza dá às autocracias uma maior capacidade de controlar a informação – a saber, monopolizando os canais de televisão e mantendo uma firme restrição no acesso à internet – freqüentemente com a assistência de companhias estrangeiras, ansiosas para fazer negócio com elas.[89]

A longo prazo, a prosperidade pode conduzir ao liberalismo político, mas quanto tempo dura o longo prazo? Talvez seja longe demais para ter qualquer relevância estratégica ou geopolítica. Como diz uma velha brincadeira, a Alemanha se lançou numa trajetória de modernização econômica no final do século XIX, e dentro de seis décadas se tornou uma democracia plena. O único problema foi o que aconteceu nos anos que se passaram entre uma coisa e outra. Então o mundo espera pela mudança, mas enquanto isso duas das maiores nações do planeta, com mais de um bilhão e meio de pessoas, o segundo e o terceiro maiores contingentes militares, têm agora governos comprometidos com a autocracia, e talvez consigam se sustentar no poder até onde se pode prever no futuro.

O poder e a durabilidade dessas autocracias moldarão o sistema internacional de maneira profunda. O mundo não está prestes a entrar em um novo conflito ideológico como o que dominou a Guerra Fria. Mas a nova era, em vez de ser um tempo de "valores universais", será de tensões crescentes e eventualmente de confronto entre as forças da democracia e as forças da autocracia.

Durante a Guerra Fria, era fácil esquecer que a luta entre o liberalismo e a autocracia resistia desde o Iluminismo. Foi essa a questão que separou os Estados Unidos de boa parte da Europa no fim do século XVIII e começo do século XIX. Foi ela que dividiu a própria Europa ao longo da maior parte do século XIX, chegando até o século XX. Agora está retornando para dominar a geopolítica do século XXI.

Na última década pressupunha-se que quando os líderes chineses e russos pararam de acreditar no comunismo, eles pararam de acreditar em qualquer coisa. Eles teriam se tornado pragmáticos, sem ideologia ou crença, perseguindo simplesmente os seus próprios interesses e os de suas nações. Mas os governantes da China e da Rússia, como os governantes das autocracias do passado, têm um conjunto de crenças que guia tanto a política interna quanto a externa. Não se trata de uma visão de mundo sistemática, abarcando tudo, como o marxismo ou o liberalismo, mas sim de um amplo conjunto de crenças sobre o governo e a sociedade, e sobre a relação adequada entre os dirigentes e o seu povo.

Os governantes da Rússia e da China acreditam nas virtudes de um governo central forte, e desdenham da fraqueza do sistema democrático. Acreditam que suas grandes e fragmentadas nações precisam de ordem e estabilidade a fim de prosperar. Acreditam que as instabilidades e o caos da democracia empobreceriam e arruinariam suas nações, e no caso da Rússia, isso já teria acontecido. Acreditam que um governo forte internamente é necessário se suas nações quiserem ser fortes e respeitadas no mundo, capazes de propor e defender seus interesses. Os governantes chineses sabem, pela longa e freqüentemente turbulenta história da sua nação, que as rupturas e divisões internas são um convite à interferência e à pilhagem externas. O que o mundo aplaudiu como uma abertura política em 1989, os líderes chineses consideraram uma demonstração quase fatal de discórdia.

Os governantes chineses e russos, portanto, não são apenas autocratas. Eles acreditam na autocracia. A mente moderna e liberal da era do "fim da história" talvez não aprecie o resistente apelo da autocracia neste mundo globalizado. Mas de um ponto de vista histórico, os líderes chineses e russos estão em ilustre companhia. Os monarcas europeus dos séculos XVII, XVIII e XIX estavam completamente convencidos da superioridade da sua forma de governo. Assim como Platão e Aristóteles, e todos os outros grandes pensadores de antes do século XVIII, eles consideravam a democracia como o governo da massa ignorante, licenciosa e cheia de ganância. Na primeira metade do século XX, para cada potência democrática, como os Estados Unidos, a Grã-Bretanha e a França, havia uma potência autocrática tão poderosa quanto, como a Alemanha, a Rússia e o Japão. As muitas nações menores do mundo estavam pelo menos tão propensas a se moldarem de acordo com as autocracias quanto com as democracias. Foi apenas nos últimos cinqüenta anos que a democracia ganhou uma popularidade difundida por todo o planeta, e somente depois da década de 1980 que ela se tornou realmente a forma de governo mais comum. Os governantes da Rússia e da China não são os primeiros a sugerir que talvez ela não seja a melhor.

Freqüentemente é dito que os autocratas de Moscou e Pequim estão interessados apenas em encher seus bolsos, que os líderes chineses são apenas "cleptocratas" e que o Kremlin é uma espécie de grande empresa, uma "Rússia Ltda.". É claro que os governantes da China e da Rússia cuidam de si mesmos, usando o poder em seu próprio benefício e também a riqueza e os luxos que ele propicia. Mas muitos dos grandes reis, imperadores e papas dos séculos passados agiam do mesmo modo. As pessoas que exercem o poder gostam de exercê-lo, e isso normalmente as torna ricas. Só que elas também acreditam que exercem o poder a serviço de uma causa maior. Promovendo a ordem, produzindo o sucesso econômico, mantendo suas nações unificadas e liderando-as para posições de influência, respeitabilidade e poder internacionais, eles acreditam que estão servindo aos seus povos. E também não está claro até o momento se a maioria das pessoas que eles governam na China e na Rússia discordam disso.

Se as autocracias têm um conjunto próprio de crenças, elas também têm os seus interesses. Os governantes da

China e da Rússia podem de fato ser pragmáticos, mas seu pragmatismo está em perseguir políticas que os manterão no poder. Putin não vê diferença entre os interesses da Rússia e os seus próprios. Quando Luís XIV comentou *"L'État c'est moi"*, ele declarou ser ele mesmo a nação francesa corporificada, afirmando que seus interesses e os da França eram os mesmos. Ao declarar ter o "direito moral" de continuar governando a Rússia, Putin estava dizendo que era do interesse da Rússia que ele permanecesse no poder. E assim como Luís XIV não poderia imaginar que fosse do interesse da França que a monarquia acabasse, Putin não pode imaginar que seja do interesse da Rússia que ele deixe o poder. Como o acadêmico chinês Minxin Pei apontou, quando os líderes chineses encaram a escolha entre a eficiência econômica e a preservação do poder, eles escolhem o poder.[90] Esse é o seu pragmatismo.

O interesse dos autocratas na própria preservação afeta também o seu modo de lidar com a política externa. Na era da monarquia, a política externa servia aos interesses do monarca. Na era dos conflitos religiosos, ela servia aos interesses da Igreja. Na era moderna, as democracias buscaram políticas externas que tornassem o mundo mais seguro para a democracia. Hoje, os autocratas buscam políticas externas que visem tornar o mundo mais seguro, se não para as autocracias em geral, pelo menos para a sua própria.

A Rússia é o maior exemplo de como o governo interno de uma nação molda a sua relação com o resto do mundo. Quando estava em processo de democratização, a Rússia, e mesmo a União Soviética de Gorbachev, via a OTAN de forma ligeiramente favorável, e tendia a manter boas relações com os seus vizinhos, que trilhavam o mesmo caminho para a democracia. Mas hoje Putin considera a OTAN uma entidade hostil, chama sua ampliação de uma "séria provocação", e pergunta "contra quem se pretende essa expansão?".⁹¹ No entanto, a OTAN não está mais agressiva ou provocativa com relação a Moscou hoje do que era na época de Gorbachev. Ao contrário, ela está menos. A OTAN se tornou mais cordial, assim como a Rússia se tornou mais agressiva. Quando a Rússia estava mais democrática, os líderes russos viam seus interesses intrinsecamente ligados ao mundo democrático e liberal. Atualmente o governo russo desconfia das democracias, especialmente das que estão perto das suas fronteiras.⁹²

Isso é compreensível. Apesar de estarem mais ricas e influentes, as autocracias do século XXI continuam a ser minoria no mundo. De acordo com acadêmicos chineses, o liberalismo democrático se tornou dominante após a queda do comunismo soviético, e se sustenta em função de uma "hierarquia internacional dominada pelos Estados Unidos e seus aliados democráticos", um "grupo de grandes potências centrado nos EUA". Os chineses e russos se sentem "à parte" desse pequeno círculo exclusivo e poderoso.⁹³ Como um oficial se queixou em Davos este ano: "Vocês, países ocidentais, decidem as regras, dão as notas e dizem 'você tem sido um mau menino'."⁹⁴ Putin astutamente reclamou de que "estão constantemente nos dando lições sobre democracia".⁹⁵

O mundo pós-Guerra Fria parece bem diferente quando visto a partir das capitais autocráticas, Pequim e Moscou, em relação à perspectiva das capitais democráticas, Washington, Londres, Paris, Berlim ou Bruxelas. Para os líderes de Pequim, não faz tanto tempo que a comunidade democrática internacional, liderada pelos Estados Unidos, se voltou para a China com uma unidade rara, impondo sanções econômicas e um isolamento diplomático ainda mais doloroso depois da repressão na Praça da Paz Celestial. O Partido Comunista Chinês tem uma "persistente sensação de insegurança desde então", um "constante medo de ser isolado e tornar-se alvo das potências mais importantes, especialmente dos Estados Unidos", e uma "profunda preocupação com a sobrevivência do regime, que chega à beira da sensação de estar sob cerco".[96]

Na década de 1990, o mundo democrático, guiado pelos Estados Unidos, derrubou governos autocráticos no Panamá e no Haiti, e por duas vezes foi à guerra contra a Sérvia de Slobodan Milosevic. Organizações não-governamentais internacionais, devidamente financiadas por governos ocidentais, treinaram os partidos de oposição e apoiaram reformas eleitorais na Europa Central e Oriental, assim como na Ásia Central. Em 2000, as forças da oposição financiadas internacionalmente e os observadores eleitorais internacionais finalmente derrubaram Milosevic. Dentro de um ano ele foi mandado para Haia, e, cinco anos depois, morreu na prisão.

De 2003 a 2005, países ocidentais democráticos e ONGs ofereceram financiamento e ajuda organizacional a partidos e políticos pró-Ocidente e pró-democracia, auxílio esse que tornou possível a eles derrubar outras autocracias na Geórgia, no Quirguistão, na Ucrânia e no Líbano. Europeus e americanos celebraram essas revoluções e viram nelas o desenrolar natural da evolução política em direção à democracia liberal, que seria o destino da humanidade. Mas os líderes de Pequim e Moscou viram esses eventos em termos geopolíticos, como golpes originários do Ocidente inspirados pela CIA, que aumentaram a hegemonia dos EUA e de seus aliados europeus. Como nota Dmitri Trenin, as agitações na Ucrânia e na Geórgia "atrapalharam ainda mais as relações Rússia-Ocidente", e ajudaram a levar o Kremlin a "completar sua mudança de rumo na política externa".[97]

As revoluções coloridas preocuparam Putin não apenas porque colocaram em xeque suas ambições regionais, mas também porque ele temia que os exemplos da Ucrânia e da Geórgia pudessem se repetir na Rússia. Elas o convenceram a controlar, restringir e, em alguns casos, interromper as atividades de ONGs internacionais em 2006. Ainda hoje ele denuncia os "traidores" da Rússia, que "fazem um curso rápido com especialistas estrangeiros, são treinados nas repúblicas vizinhas e agora vêm experimentar aqui".[98]

Suas preocupações podem parecer absurdas, ou falsamente ingênuas, mas elas não estão fora de contexto. Na era pós-Guerra Fria, o liberalismo triunfante procurou expandir seu triunfo estabelecendo como um princípio internacional o direito de a "comunidade internacional" intervir contra Estados soberanos que abusam dos direitos dos seus povos. ONGs internacionais interferem em políticas domésticas; organizações internacionais, como a Organização para a Segurança e Cooperação na Europa, monitoram e emitem julgamentos sobre eleições; especialistas em direito internacional falam sobre modificar a lei internacional para incluir conceitos novos, como o de "responsabilidade de proteger", ou de "renúncia voluntária de soberania". Em teoria, essas inovações se aplicariam a todos. Na prática, seu ponto principal é dar às nações democráticas o direito de intervir nos assuntos das nações não-democráticas. Infelizmente para os chineses, os russos e as outras autocracias, essa é uma era sem grandes discordâncias transatlânticas. Os Estados Unidos, embora tradicionalmente ciosos com relação a sua própria soberania, sempre estiveram prontos para interferir em assuntos internos de outras nações. Os países da Europa, antes os maiores proponentes (em teoria) da ordem de Westfália, que previa a inviolabilidade da soberania dos Estados, agora mudaram de direção e produziram um sistema de constantes "interferências mútuas nos assuntos internos uns dos outros, incluindo até a cerveja e as salsichas"[99], como coloca Robert Cooper. Esse se tornou um dos grandes cismas no sistema internacional, dividindo o mundo democrático e as autocracias. Por três séculos, a lei internacional, com suas censuras contra a interferência nos negócios internos das nações, tendeu a proteger as autocracias. Agora o mundo democrático está em processo de remover essa proteção, enquanto os autocratas correm para defender o princípio de inviolabilidade da soberania.

A Guerra de Kosovo, em 1999, foi um momento de mudança mais dramático e inquietante para a Rússia e a China do que a Guerra do Iraque, em 2003. Ambas as nações se opuseram à intervenção da OTAN, e não apenas porque a embaixada da China foi bombardeada por um avião americano e os distantes primos eslavos da Rússia eram os alvos finais da campanha aérea da OTAN na Sérvia. Quando a Rússia ameaçou impedir a ação militar no Conselho de Segurança da ONU, a OTAN simplesmente colocou de lado as Nações Unidas e assumiu para si a responsabilidade de autorizar a ação, anulando assim uma das poucas ferramentas de influência internacional da Rússia. Da perspectiva de Moscou, foi uma clara violação da lei internacional, não apenas porque a guerra não contava com a aprovação da ONU, mas porque era uma intervenção numa nação soberana, que não havia cometido qualquer agressão externa. A "ênfase intervencionista nos direitos humanos", de acordo com os chineses, é apenas uma nova e poderosa estratégia de dominação global por parte do "liberalismo hegemônico".[100] Anos depois, Putin continuava insistindo para que as nações ocidentais "deixem para trás esse desprezo pela lei internacional" e não tentem "colocar a OTAN e a UE no lugar da ONU".[101]

Os russos e chineses estavam em boa companhia. Neste momento, uma autoridade da importância de Henry Kissinger advertiu que "o abandono abrupto do conceito de soberania nacional" trazia o risco de produzir um mundo desligado de qualquer noção de ordem legal internacional. Os Estados Unidos, é claro, prestaram pouca atenção a isso – o país já interveio e derrubou governos soberanos dúzias de vezes ao longo da sua história. Mas até mesmo a Europa pós-moderna deixou de lado as sutilezas legais em prol do que considerou uma moralidade iluminista mais alta. Como observou Robert Cooper, a Europa foi levada a agir pela "memória coletiva do holocausto e das correntes de refugiados criadas pelos nacionalismos extremados na Segunda Guerra Mundial". Essa "experiência histórica comum" forneceu toda a justificação necessária. Kissinger advertiu que, num mundo de "verdades antagônicas", esta doutrina trazia o risco do caos. Cooper respondeu que a Europa pós-moderna "não é mais uma região de verdades antagônicas".[102]

Mas as democracias não têm conseguido lidar bem com o conflito entre a lei internacional e a moralidade liberal. Como os oficiais chineses perguntaram na época dos eventos da Praça da Paz Celestial, e continuam perguntando, "que direito tem o governo dos EUA de (...) interferir abertamente nos assuntos internos da China?".[103] De fato, que direito têm os EUA? Somente as crenças liberais garantem esse direito, a convicção de que todos os homens nascem iguais e têm certos direitos inalienáveis que não podem ser limitados pelos governos; que, por sua vez, os governos retiram seu poder e legitimidade apenas do consentimento dos governados e têm o dever de proteger os direitos dos seus cidadãos à vida, à liberdade e à propriedade. Para os que compartilham dessa fé liberal, políticas externas e até guerras que defendam esses princípios, como a de Kosovo, podem estar corretas, mesmo que a lei internacional estabelecida diga que estão erradas. Mas para os chineses, os russos e os outros que não compartilham dessa visão de mundo, os Estados Unidos e seus aliados democráticos conseguem impor suas visões aos demais não porque estejam certos, mas porque são poderosos o suficiente para fazer isso. Para os não-liberais, a ordem internacional liberal não é o progresso. É a opressão.

Essa é mais do que uma disputa sobre a teoria e as sutilezas da jurisprudência internacional. Ela diz respeito à legitimidade fundamental dos governos, o que, para os autocratas, pode significar uma questão de vida ou morte. Os governantes chineses não esquecem que, se o mundo democrático tivesse se imposto em 1989, eles agora estariam fora do comando, possivelmente presos, ou coisa pior. Putin reclama que "estamos vendo uma desconsideração cada vez maior pelos princípios básicos da lei internacional", e ele não se refere apenas ao uso ilegal da força, mas também à imposição de "modelos econômicos, políticos, culturais e educacionais". Ele lamenta o modo como as "normas legais independentes" estão sendo remodeladas para se conformarem "a um determinado sistema legal de Estado", o sistema das democracias ocidentais, e como as instituições internacionais, a exemplo da Organização para Segurança e Cooperação na Europa, se tornaram "instrumentos vulgares" nas mãos das democracias. Em conseqüência disso, Putin exclama: "ninguém se sente seguro! Porque ninguém pode sentir que a lei internacional é como um muro de tijolos que irá protegê-lo."[104]

As democracias ocidentais negariam quaisquer intenções desse tipo, mas Putin, como os governantes da China, tem razão em se preocupar. Articuladores políticos americanos e europeus constantemente dizem que querem que a Rússia e a China se integrem à ordem democrática liberal internacional, mas não é de se surpreender que os russos e chineses estejam receosos. Podem os autocratas entrar na ordem liberal internacional sem sucumbir às forças do liberalismo? Com medo da resposta, as autocracias compreensivelmente estão aumentando sua pressão, e com algum efeito. Em vez de aceitarem os novos princípios de menor soberania e proteção internacional mais fraca para os autocratas, a Rússia e a China estão promovendo uma ordem internacional que dá alto valor à soberania nacional e protege os governos autocráticos das interferências estrangeiras.

E estão tendo sucesso. A autocracia está ressurgindo. Mudanças nas feições ideológicas das potências mais influentes do mundo sempre tiveram algum efeito sobre as escolhas feitas pelos líderes das nações menores. O fascismo estava em voga na América Latina nos anos de 1930 e 1940, em parte porque parecia bem-sucedido na Itália, na Alemanha e na Espanha. O comunismo se espalhou pelo Terceiro Mundo nos anos 1960 e 1970, não tanto pelos grandes esforços da União Soviética em difundi-lo, mas porque as oposições aos governos da época fizeram suas rebeliões sob a bandeira do marxismo-leninismo, atraindo assim a ajuda de Moscou. E se o crescente poder mundial das democracias no fim da Guerra Fria, culminando na vitória quase total depois de 1989, contribuiu para a onda de democratizações nas décadas de 1980 e 1990, é lógico esperar que a ascensão de duas poderosas autocracias mudasse o equilíbrio novamente.

É um erro acreditar que a autocracia não tem apelo internacional. Graças a décadas de notável crescimento, os chineses hoje podem argumentar que o seu modelo de desenvolvimento econômico, que combina uma economia cada vez mais aberta com um sistema político fechado, pode ser uma opção de sucesso para o desenvolvimento de muitas nações. Ele certamente é o modelo de uma autocracia bem-sucedida, um exemplo de como gerar riqueza e estabilidade sem ter que ceder espaço à liberalização política. O modelo russo de "democracia soberana" é atraente para os autocratas da Ásia Central. Alguns europeus temem que a Rússia "surja como uma alternativa ideológica à UE, oferecendo uma abordagem diferente da soberania, do poder e da ordem mundial".[105] Nas décadas de 1980 e 1990, o modelo autocrático parecia uma proposta perdida, à medida que ditaduras tanto de direita quanto de esquerda caíam diante da maré liberal. Hoje, graças ao sucesso da China e da Rússia, ele parece uma aposta melhor.

A China e a Rússia talvez não mais exportem ativamente uma ideologia, mas elas podem oferecer, e de fato oferecem, algum lugar para onde correr quando as democracias se tornam hostis. Quando as relações do Irã com a Europa desmoronaram nos anos 1990 depois de os seus clérigos emitirem uma *fatwa* clamando pela morte de Salman Rushdie, o influente líder iraniano Akbar Hashemi tocou num ponto importante ao observar como era mais fácil manter boas relações com nações como a China.[106] Quando o ditador do Uzbequistão foi criticado pelo governo George W. Bush, em 2005, por reprimir violentamente uma manifestação da oposição, ele respondeu entrando na Organização de Cooperação de Xangai e se aproximando de Moscou. Os chineses deram apoio irrestrito a ditaduras na Ásia e na África, minando os esforços da "comunidade internacional" em pressionar por reformas – o que, na prática, muitas vezes significa a mudança de regime – em países como Myanmar e Zimbábue. Os americanos e os europeus podem reclamar, mas as autocracias não estão interessadas em derrubar outras autocracias para atender as insistências do mundo democrático. Os chineses, que não faz muito tempo usaram uma força mortal para reprimir manifestações de estudantes, dificilmente ajudarão o Ocidente a mudar o governo de Myanmar por este ter feito a mesma coisa. Tampouco imporão condições para ajudar as nações africanas, como a exigência de reformas políticas e institucionais que eles mesmos não têm a intenção de promover na China.

Os oficiais chineses podem censurar os governantes de Myanmar; podem exigir que o governo do Sudão encontre alguma solução para o conflito sudanês. Moscou pode, às vezes, se distanciar do Irã. Mas os governantes em Rangoon, Cartum, Pyongyang e Teerã sabem que os seus melhores e, em última instância, os seus únicos protetores num mundo em geral hostil devem ser encontrados em Pequim e Moscou. No grande cisma entre a democracia e a autocracia, os autocratas compartilham interesses comuns e uma mesma visão da ordem internacional. Como o chinês Li Peng falou a Rafsanjani, a China e o Irã estão unidos pelo desejo comum de construir uma ordem mundial na qual "a escolha de qualquer sistema social por um país seja um assunto do povo desse país".[107]

Na verdade, está acontecendo uma disputa mundial. De acordo com o ministro das relações internacionais da Rússia, Sergei Lavrov, "pela primeira vez em muitos anos, um ambiente realmente competitivo emergiu no campo das idéias" entre diferentes "sistemas de valores e modelos de desenvolvimento". E a boa notícia, do ponto de vista russo, é que "o Ocidente está perdendo o seu monopólio sobre o processo de globalização". Hoje, quando os russos falam de um mundo multipolar, eles não estão falando apenas da redistribuição de poder. Também é a competição entre sistemas de valores e idéias que criará "as fundações de uma ordem mundial multipolar".[108]

Isso é uma surpresa para o mundo democrático, que acreditou que tal competição havia acabado com a queda do Muro de Berlim. As democracias do mundo não consideram seus próprios esforços para sustentar a democracia e os princípios iluministas no exterior como um aspecto da competição geopolítica, porque não vêem "verdades conflitantes", apenas "valores universais". Como conseqüência, nem sempre estão conscientes do modo como usam sua riqueza e seu poder para pressionar os outros a aceitarem seus valores e princípios. Nas suas próprias alianças e instituições internacionais, elas exigem estrita fidelidade aos princípios democráticos e liberais. Antes de abrir as portas a novos membros, e antes de conceder os vastos benefícios que a associação oferece em termos de riqueza e segurança, elas exigem que as nações que querem entrar na UE ou na OTAN abram suas economias e seus sistemas políticos. Quando o presidente da Geórgia decretou estado de emergência no final de 2007, ele prejudicou as chances de seu país entrar na OTAN e na UE em um prazo curto. Como conseqüência, a Geórgia pode agora ficar precariamente no purgatório, entre a autocracia russa e o liberalismo europeu. Por fim, se as democracias virarem as costas para a Geórgia, ela talvez não tenha escolha senão se acomodar a Moscou.

Essa competição não é bem uma nova versão da Guerra Fria. É mais como uma nova versão do século XIX. No século XIX, os governantes absolutistas da Rússia e da Áustria apoiaram outras autocracias na França pós-revolucionária e usaram a força para suprimir as rebeliões liberais na Alemanha, Polônia, Itália e Espanha. A Grã-Bretanha de Palmerston usou o seu poder para ajudar os liberais no continente; os Estados Unidos comemoraram as revoluções liberais na Hungria e na Alemanha e expressaram seu ultraje quando as tropas russas sufocaram as forças liberais na Polônia. A Ucrânia já foi um campo de batalha entre forças apoiadas pelo Ocidente e forças apoiadas pela Rússia, e pode muito bem voltar a ser um lugar de disputa no futuro. A Geórgia pode ser outro. Vale a pena pensar em como o mundo e a Europa ficariam se os movimentos democráticos na Ucrânia e na Geórgia falhassem, ou se fossem suprimidos à força, e as duas nações se tornassem autocracias fortemente ligadas a Moscou. Vale a pena pensar qual efeito seria provocado na Ásia Oriental se a China usasse a força para esmagar o sistema democrático em Taiwan e instalar uma autocracia aliada em seu lugar.

Pode ser que não chegue a provocar uma guerra, mas a competição global entre governos democráticos e autocráticos se tornará uma característica dominante do mundo do século XXI. As grandes potências cada vez mais escolhem seu lado e se identificam com um campo ou com o outro. A Índia, que durante a Guerra Fria tinha orgulho de ser neutra ou até pro-soviética, começou a se identificar como parte do Ocidente democrático.[109] O Japão, nos últimos anos, redefiniu o seu caminho se posicionando como uma grande potência democrática, compartilhando valores comuns com outras democracias asiáticas, mas também com democracias não-asiáticas. Para ambos, Japão e Índia, o desejo de ser parte do mundo democrático é genuíno, mas também é parte de uma reflexão geopolítica – um modo de fortalecer os laços de solidariedade com outras grandes potências que podem ajudá-los na sua competição estratégica com a China autocrática.

Não há simetria perfeita nas relações internacionais. As realidades gêmeas da era atual – a competição entre grandes potências e a luta entre a democracia e a autocracia – não produzirão sempre os mesmos alinhamentos. A Índia democrática, em competição geopolítica com a

China autocrática, apóia a ditadura de Myanmar para anular uma vantagem estratégica de Pequim. Os diplomatas indianos gostam de colocar as outras grandes potências umas contra as outras, às vezes se aproximando da Rússia, às vezes da China. As democracias da Grécia e do Chipre buscam manter relações próximas com a Rússia, em parte por causa da solidariedade cultural com seus primos cristãos ortodoxos, mas principalmente por causa do interesse econômico. Os Estados Unidos há muito tempo se aliaram às ditaduras árabes por motivos estratégicos e econômicos, e também aos sucessivos governos militares no Paquistão. Assim como na época da Guerra Fria, considerações estratégicas e econômicas, e também afinidades culturais, podem freqüentemente deixar a ideologia em segundo plano.

Mas no mundo atual, a forma de governo de uma nação, mais que sua "civilização", ou a sua localização geográfica, pode ser o melhor indicador do seu alinhamento geopolítico. As democracias asiáticas de hoje se alinham com as democracias européias, contra as autocracias asiáticas. Os observadores chineses vêem "um cinturão em forma de V" de potências democráticas pró-EUA, "indo do nordeste da Ásia até a Ásia Central".[110] Quando as Marinhas da Índia, dos Estados Unidos, do Japão, da Austrália e de Cingapura realizaram exercícios na baía de Bengala no ano passado, os chineses e outros observadores se referiram a esse grupo como o "eixo da democracia".[111] O primeiro-ministro japonês falou de um "arco asiático de liberdade e prosperidade", se estendendo do Japão até a Índia, passando pela Indonésia.[112] Oficiais russos dizem estar alarmados que a OTAN e a Organização para Segurança e Cooperação na Europa "reproduzam uma política de bloco" não tão diferente da praticada na era da Guerra Fria. Mas os próprios russos se referem à Organização de

Cooperação de Xangai como uma aliança "anti-OTAN" e um "Pacto de Varsóvia 2".[113] Quando a Organização de Cooperação de Xangai se reuniu no ano passado, ela aproximou cinco autocracias – China, Rússia, Uzbequistão, Cazaquistão e Tadjiquistão – e também o Irã.[114] Quando os países da ASEAN tentaram abordar o problema de Myanmar no ano passado, a organização se dividiu ao meio, com nações democráticas como as Filipinas e a Indonésia, apoiadas pelo Japão, tentando pressionar Myanmar, e as autocracias do Vietnã, do Camboja e do Laos, apoiadas pela China, tentando evitar a abertura de um precedente que algum dia pudesse voltar a assombrá-las.[115]

As divisões entre os Estados Unidos e os seus aliados europeus, que se ampliaram bastante depois da invasão do Iraque, estão sendo encobertas por essas divisões políticas mais fundamentais, e especialmente pela crescente tensão entre a aliança democrática transatlântica e a Rússia autocrática. As atitudes européias em relação à Rússia estão ficando mais duras. E também em relação à China. Pesquisas mostram que na Grã-Bretanha, na Alemanha, na França e na Espanha, a imagem da China vem arranhando-se nos últimos anos. Apenas 34% dos alemães tinham uma imagem favorável de Pequim em 2007,[116] o que talvez explique por que a chanceler Angela Merkel se sentiu livre para provocar a ira da China no ano passado se encontrando com o Dalai Lama.

Isso não significa que europeus e americanos concordem quanto à melhor maneira de administrar as relações com Moscou ou Pequim. A China está bem além das preocupações estratégicas diárias da Europa, e, sendo assim, os europeus estão bem mais inclinados a se adaptar à ascensão da China do que os americanos, indianos ou japoneses. Com relação à Rússia, os europeus talvez desejem buscar uma *Ostpolitik* conciliatória, como fizeram durante a Guerra Fria, em vez de uma abordagem de maior confronto, no estilo americano. Mas as tendências na Europa são de maior solidariedade democrática. Lideranças políticas na Alemanha falam em aproximar sua nação da Ásia, focando não apenas nos "laços econômicos" com a China, mas também nos "valores", e buscando relações estratégicas mais próximas com "a Coréia do Sul, o Japão, a Índia e a Indonésia, [que] podem ter um importante papel na segurança e em outras grandes questões globais".[117]

As autocracias do Egito e da Arábia Saudita continuam fortemente ligadas a Washington, e pelo menos uma eleição democrática recente, na Palestina, produziu uma maioria antiamericana. Como muitos árabes muçulmanos vêem os Estados Unidos como a última potência ocidental a oprimi-los, isso não é de surpreender. A questão é: por quanto tempo o Oriente Médio continuará sendo a exceção? É possível que com o tempo o Egito e a Arábia Saudita vejam vantagens em se aproximar de seus companheiros autocratas em Moscou e Pequim. Também é possível que um Líbano mais democrático, um Iraque mais democrático e um Marrocos mais democrático formem um novo bloco de democracias pró-EUA na região, junto com as autocracias mais moderadas e em processo de democratização do Kuwait, da Jordânia e do Bahrein.

A divisão mundial entre o clube dos autocratas e o eixo da democracia tem amplas conseqüências para o sistema internacional. Será que ainda é possível falar em uma "comunidade internacional"? O termo implica uma concordância com normas internacionais de comportamento, uma moralidade internacional, e mesmo uma consciência internacional. Hoje, as maiores potências do mundo não têm tal entendimento comum. Nas amplas questões estratégicas, como em que ocasião intervir, impor sanções ou tentar isolar diplomaticamente uma nação, não há mais uma comunidade internacional para ser convocada ou liderada. Isso ficou exposto de forma bastante evidente na Guerra de Kosovo, que separou o Ocidente democrático tanto da Rússia quanto da China, e de muitas outras autocracias não-européias. Hoje aparece em questões como as de Darfur, do Irã e de Myanmar.

Alguém poderia imaginar que, em questões transnacionais como as doenças, a pobreza e as mudanças climáticas, as grandes potências deveriam ser capazes de trabalhar juntas, apesar de terem interesses e visões de mundo diferentes. Mas até mesmo com relação a isso as suas diferenças complicam as coisas. Disputas entre as democracias e a China sobre como e em que medida adotar condições para ajudar os países pobres da África afetam a luta contra a pobreza. Questões geopolíticas afetam as negociações internacionais sobre a melhor reação às mudanças climáticas. Os chineses, assim como os indianos, acreditam que as nações industriais avançadas do Ocidente, ao alcançarem suas atuais condições privilegiadas após décadas poluindo o ar e emitindo níveis imprensados de gases que provocam efeito estufa, agora querem impedir que os outros cresçam da mesma forma. Pequim suspeita que isso seja uma tentativa ocidental de restringir o crescimento chinês e frear a sua emergência como uma grande potência competitiva.

O regime de não-proliferação de armas nucleares continuará a sofrer enquanto interesses conflitantes de grandes potências e diferentes formas de governo passarem por cima do que seria o interesse comum em evitar que outras nações obtenham armas nucleares. A Rússia e a China intervieram em favor do Irã. Os Estados Unidos intervieram em favor da Índia, para atrair a ajuda de Nova Delhi na competição estratégica com a China.

O fim da comunidade internacional aparece de modo mais claro no Conselho de Segurança das Nações Unidas, o qual, após despertar brevemente no pós-Guerra Fria, caiu outra vez no seu longo coma. A habilidosa diplomacia francesa e a cautela tática da China obscureceram por um momento o fato de que na maioria das questões mais importantes o Conselho de Segurança tem estado dividido nitidamente entre as autocracias e as democracias. Neste contexto, as últimas sistematicamente pressionam por sanções e outras medidas punitivas as autocracias do Irã, da Coréia do Norte, do Sudão e de Myanmar, e as primeiras resistem de modo igualmente sistemático, e tentam enfraquecer os efeitos de tais medidas. Essa fissura ficará cada vez mais profunda nos próximos anos.

É pouco provável que sejam bem-sucedidos os apelos para uma nova "liga" entre as nações, na qual a Rússia, a China, os Estados Unidos, a Europa e outras grandes potências estabeleceriam alguma forma de condomínio internacional. O Concerto Europeu que havia no início do século XIX funcionava sob o guarda-chuva de uma moralidade comum e de princípios de governo compartilhados. Ele tinha como objetivo não apenas a preservação da paz na Europa, mas também, e principalmente, a manutenção da ordem monárquica e aristocrática contra os desafios liberais radicais apresentados pelas revoluções americana e francesa, e seus ecos na Alemanha, Itália e Polônia. O concerto gradualmente se rompeu sob a forte influência do nacionalismo popular, alimentado em parte pela ascensão do liberalismo revolucionário. A liga de grandes potências que Franklin Roosevelt estabeleceu no Conselho de Segurança da ONU afundou da mesma forma por conta do conflito ideológico.

Atualmente há pouco senso de moralidade compartilhada e de valores comuns entre as grandes potências. Em vez disso, há suspeitas e hostilidades cada vez maiores, e uma visão bastante arraigada por parte das autocracias de que, não importa o que as democracias falem, elas ficarão felizes com as suas quedas. Qualquer liga entre esses Estados seria construída sobre bases precárias, que provavelmente ruiriam no primeiro teste sério.

Essas desavenças podem ser superadas pela expansão dos laços comerciais e pela crescente interdependência econômica em um mundo cada vez mais globalizado? Claramente os laços econômicos podem ajudar a enfraquecer as tendências ao conflito entre as grandes potências. Atualmente os líderes chineses evitam o confronto com os Estados Unidos, tanto porque não podem esperar uma vitória quanto porque temem o impacto disso na economia chinesa e, por extensão, na estabilidade do seu governo autocrático. A dependência americana, australiana e japonesa da economia chinesa tornam essas nações cautelosas também, e a poderosa influência das grandes companhias americanas faz com que os líderes dos EUA tenham uma visão mais favorável em relação à China. Tanto na China quanto na Rússia, os interesses econômicos não são apenas nacionais, mas também pessoais. Se o que a Rússia quer é fazer negócio, como argumenta Dmitri Trenin, seus líderes deveriam ser mais relutantes em ameaçar sua riqueza com políticas externas arriscadas.

Ainda assim, a história não tem sido muito amiga da teoria de que fortes laços comerciais evitam o conflito entre as nações. Os Estados Unidos e a China não são mais dependentes da economia um do outro do que eram a Grã-Bretanha e a Alemanha antes de Primeira Guerra Mundial. E as relações comerciais não estão livres de seus próprios conflitos e tensões. As que se dão entre os Estados Unidos e a China estão se tornando cada vez mais tensas, com o congresso dos EUA ameaçando criar uma legislação para punir a China pelas injustiças percebidas nas relações comerciais. Tanto na Europa quanto nos Estados Unidos, as preocupações com o crescente desafio estratégico da China são cada vez mais associadas a temores com relação ao desafio econômico cada vez maior que ela representa, ou mesmo superadas por esse medo. Cinqüenta e cinco por cento dos alemães acreditam que o crescimento econômico da China é "algo ruim" – em 2005 eram 38% –, uma visão compartilhada por americanos, indianos, britânicos, franceses e até sul-coreanos. Atualmente, 60% dos sul-coreanos pensam que o crescimento da economia chinesa é "algo ruim".[118]

Os chineses, por sua vez, podem continuar tolerando a pressão para ajustar a sua taxa de câmbio, combater a pirataria e aumentar o padrão de qualidade dos seus produtos, assim como toda intimidação que recebem por parte dos Estados Unidos e da Europa. Mas os chineses começam a sentir que o mundo democrático está se juntando a eles, e usando essas disputas como uma maneira de conter a China não apenas economicamente, mas também estrategicamente.

Finalmente, existe a corrida mundial por recursos energéticos – e essa está se tornando a principal arena de competição geopolítica. A busca de fontes confiáveis de petróleo e gás molda as políticas chinesas em relação ao Irã, ao Sudão, a Myanmar e à Ásia Central. A Rússia e as democracias lideradas pelos Estados Unidos competem pela construção de oleodutos e gasodutos que lhes darão poder e influência, ou diminuirão o poder e a influência dos seus competidores.

Apenas laços comerciais não são capazes de conter as forças das competições nacionais e ideológicas que reemergiram agora com tanta proeminência. Relações comerciais não acontecem no vácuo. Elas tanto influenciam quanto são influenciadas por conflitos geopolíticos e ideológicos. Nações não são máquinas de calcular. Elas têm as características dos seres humanos que as criaram e que vivem nelas, os intangíveis e imensuráveis traços humanos do amor, do ódio, da ambição, do medo, da honra, da vergonha, do patriotismo, da ideologia e da crença, coisas pelas quais as pessoas estão dispostas a lutar e a morrer, tanto agora quanto nos milênios passados.

O SONHO SEM ESPERANÇA DO ISLAMISMO RADICAL

EM NENHUM OUTRO LUGAR essas qualidades humanas estão mais à mostra do que no mundo islâmico, especialmente no Oriente Médio. A luta dos islâmicos radicais contra as poderosas e muitas vezes impessoais forças da modernização, do capitalismo e da globalização, que eles associam ao Ocidente judaico-cristão, é o outro grande conflito no atual sistema internacional. Também é a refutação mais forte do paradigma da convergência, pois é precisamente a idéia de convergência, incluindo a concepção do mundo liberal de "valores universais", que os islâmicos radicais rejeitam.

Como fenômeno histórico, a luta entre a modernização e o radicalismo islâmico pode afinal ter um impacto menor sobre as relações internacionais do que as disputas entre as grandes potências e entre as forças da democracia e as da autocracia. Além disso, a resistência islâmica à ocidentalização não é um fenômeno novo, apesar de ter assumido uma dimensão nova e potencialmente cataclísmica. No passado, quando povos antigos e menos avançados tecnologicamente confrontavam culturas mais avançadas, suas armas inadequadas refletiam seu atraso. Hoje, os defensores mais radicais do tradicionalismo islâmico, apesar do seu horror ao mundo moderno, não usam apenas antigos métodos, como os assassinatos e os ataques suicidas, mas também empregam as armas do mundo moderno contra este próprio mundo. As forças da modernização e da globalização inflamaram a revolta do islamismo radical, e também o armaram para o combate.

Trata-se, no entanto, de uma luta solitária e fundamentalmente desesperada, porque no embate entre o tradicionalismo e a modernidade, a tradição não pode vencer – mesmo que as forças tradicionais, equipadas com armas, tecnologias e ideologias modernas, possam causar danos terríveis. Todas as nações ricas e poderosas do mundo de certa forma abraçaram os aspectos econômicos, tecnológicos e até mesmo sociais da modernização e da globalização. Todas adotaram, embora com variados graus de insatisfação e resistência, o livre fluxo de mercadorias, serviços e recursos financeiros, e a mistura de culturas e estilos de vida que caracterizam o mundo moderno. Cada vez mais, os seus povos assistem aos mesmos programas de televisão, escutam as mesmas músicas e vêem os mesmos filmes. Junto com a cultura moderna dominante, elas aceitaram características essenciais da moralidade e da estética modernas, mesmo que às vezes lamentem isso. A modernidade significa, entre outras coisas, a liberdade sexual, política e econômica das mulheres, o enfraquecimento da autoridade da Igreja e o fortalecimento do secularismo, a existência do que costumava ser chamado de contracultura, e a livre expressão nas artes (se não na política), o que inclui a liberdade de cometer blasfêmias e de satirizar símbolos de fé, autoridade e moralidade. Essas são as conseqüências do capitalismo e do liberalismo quando não estão presos e restritos pela mão controladora da tradição, por uma Igreja poderosa ou por um governo moralista e dominador. Até mesmo os chineses aprenderam que, embora seja possível um capitalismo sem liberalização política, é muito mais difícil um capitalismo sem liberalização cultural.

Hoje os radicais islâmicos são a última resistência contra as poderosas forças da modernidade. Para Sayyid Qutb, um dos pais intelectuais da Al Qaeda, o verdadeiro Islã só pode ser salvo pela luta contra o mundo moderno em todas as frentes. Ele pretendia "colocar de lado toda a estrutura política e filosófica da modernidade e fazer o islã voltar às suas origens impolutas".[119] O aiatolá Khomeini, um tipo muito diferente de líder muçulmano, claramente identificava a modernidade com o Iluminismo, e rejeitava ambos. "Sim, nós somos reacionários", ele dizia aos seus oponentes, "e vocês são intelectuais iluminados: vocês, intelectuais, não querem que nós voltemos 1400 anos".[120]

Esses islâmicos mais radicais, entre os quais está Osama bin Laden, rejeitam também o grandioso resultado do Iluminismo e da modernidade: a democracia. Abu Musab Al-Zarqawi rejeitou as eleições no Iraque porque "o legislador que deve ser obedecido na democracia é o homem, e não Deus". Eleições democráticas são "a própria essência da heresia, do politeísmo e do erro", porque elas fazem do "homem, fraco e ignorante, parceiro de Deus na Sua prerrogativa mais importante e divina – a saber, governar e legislar". Como escreveu Bernard Lewis, o objetivo da revolução islâmica no Irã e em outros lugares tem sido "remover todos os acréscimos estranhos e infiéis que foram impostos aos países e aos povos muçulmanos na era da dominação e da influência estrangeiras, restaurando a verdadeira ordem islâmica dada por Deus". Um desses "acréscimos infiéis" é a democracia. Os fundamentalistas querem levar o mundo islâmico de volta para onde ele estava antes do Ocidente cristão, do liberalismo e da modernidade poluírem o puro islã.[121]

Esse objetivo é impossível de ser atingido. Os islâmicos não podem levar suas sociedades de volta ao estado de 1400 anos no tempo, mesmo que o resto do mundo permita. E o resto do mundo não permitirá. Nem os Estados Unidos, nem as outras grandes potências cederão o controle do Oriente Médio para essas forças fundamentalistas. Em parte porque a região tem uma importância estratégica vital para o resto do mundo. Mas vai além disso. A grande maioria das pessoas do Oriente Médio não tem qualquer desejo de voltar 1400 anos atrás. Elas não se opõem nem à modernidade nem à democracia. Também não é concebível que, no mundo moderno, um país inteiro possa se fechar à modernidade, mesmo que a maioria queira. Seria a grande teocracia islâmica que a Al Qaeda e outros grupos pretendem erguer capaz de bloquear completamente as imagens e os sons do resto do mundo, protegendo assim seu povo das tentações da modernidade? Os mulás não conseguiram fazer isso nem no Irã. Esse projeto é uma fantasia.

O mundo, portanto, encara a perspectiva de um confronto prolongado, no qual os objetivos dos extremistas islâmicos nunca poderão ser atingidos, porque nem os Estados Unidos, nem a Europa, nem a Rússia, nem a China, nem as pessoas do Oriente Médio têm a possibilidade ou o desejo de dar a eles o que eles querem. As grandes potências modernas são simplesmente incapazes de retroagir tanto quanto os extremistas islâmicos exigem.

Infelizmente, elas talvez também não sejam capazes de se unir efetivamente contra essa ameaça. Embora no confronto entre a modernização e a tradição, os Estados Unidos, a Rússia, a China, a Europa e as outras grandes potências estejam de certa forma do mesmo lado, as questões que as dividem entre si – as ambições nacionais conflitantes, a divisão entre democratas e autocratas, a discordância transatlântica com relação ao uso da força militar – minam suas vontades de cooperar. Certamente, isso é verdade no que se refere aos inevitáveis aspectos militares de uma luta contra o terrorismo dos radicais islâmicos. Os europeus têm sido, e continuarão sendo, muito pouco entusiasmados em relação ao que eles enfaticamente se recusam a chamar de "guerra ao terror". Já para a Rússia e a China é tentador aproveitar o espetáculo dos Estados Unidos atolados na luta contra a Al Qaeda e outros grupos islâmicos violentos no Oriente Médio e no sul da Ásia, assim como é tentador deixar o poder dos Estados Unidos sobre a região ser desafiado por um Irã com armas nucleares. A disposição dos autocratas de Moscou e Pequim em proteger seus companheiros autocratas em Pyongyang, Teerã e Cartum aumenta as chances de que a conexão entre os terroristas e as armas nucleares acabe sendo feita.

De fato, um dos problemas de fazer da luta contra o terrorismo islâmico o único foco da política externa americana é que isso produz ilusões a respeito de alianças e cooperações com outras grandes potências, com as quais uma genuína aliança está se tornando impossível. A idéia de uma verdadeira cooperação estratégica entre os EUA e a Rússia ou a China na guerra contra o terror é basicamente uma ficção. Para a Rússia, a guerra contra o terror está relacionada com a Chechênia. Para a China, está relacionada aos uigures da província de Xinjiang. Mas quando se fala no Irã, na Síria e no Hezbollah, a Rússia e a China não tendem a ver terroristas, mas sim parceiros úteis na disputa entre as grandes potências.

OS VÍCIOS E VIRTUDES DA
HEGEMONIA AMERICANA

QUAL É O PAPEL que os Estados Unidos devem desempenhar em um mundo assim? Pesquisas mundiais de opinião pública sugerem um forte desejo internacional pela diminuição do papel americano, apontando para uma mudança em direção a uma maior multipolaridade e eqüidade no sistema internacional. Nos próprios Estados Unidos, há pedidos por humildade, pela moderação das ambições e por um maior senso de limite. Depois da Guerra do Iraque, o mundo tem estado preocupado com o "problema americano". E sem dúvida há um problema americano, devido aos erros de ação e omissão, não apenas nos anos recentes, mas por toda a história americana. A tendência ao unilateralismo, a suspeita com relação às organizações internacionais, o cioso apego à soberania nacional, a grande tendência a usar a força para lidar com problemas internacionais, assim como a nobre generosidade de espírito e a percepção de um iluminado auto-interesse que leva os Estados Unidos a saírem pelo mundo auxiliando os outros – essas velhas características da política externa americana não foram inventadas pelo governo Bush e não desaparecerão quando ele acabar.

É cada vez mais questionável, contudo, até que ponto o poder e a expansividade dos Estados Unidos continuarão sendo os problemas mais relevantes nos próximos anos, ou mesmo se são os problemas mais relevantes atualmente. Em um mundo caminhando na direção de uma ordem liberal mais perfeita, uma superpotência no estilo antigo, com um senso de missão global, pode parecer uma relíquia do passado e um obstáculo para o progresso. Mas em um mundo equilibrado precariamente no limite de uma nova era de conflito, será que uma superpotência democrática, apesar de defeituosa, não teria um papel importante, ou mesmo indispensável?

Do jeito que as coisas vão, a proeminência americana tem pouca probabilidade de se enfraquecer a curto prazo, em grande parte porque uma boa parcela do mundo não quer realmente que isso aconteça. Apesar das pesquisas de opinião, as relações dos Estados Unidos tanto com os aliados antigos quanto com os novos se fortaleceram nos últimos anos. Apesar das previsões de que outras potências começariam a se juntar num esforço de equilibrar a balança com relação à problemática superpotência, especialmente depois da Guerra do Iraque, a tendência tem sido no sentido contrário.

A China e a Rússia têm trabalhado juntas para fazer um contrapeso aos Estados Unidos. Mas existem obstáculos para uma aliança estratégica duradoura entre as duas potências. Elas formaram uma aliança militar, se não uma aliança estratégica formal, com a Rússia vendendo bilhões de dólares em tecnologia militar avançada e armamentos para os chineses usarem contra os Estados Unidos em qualquer conflito que possa surgir. Elas fortaleceram a Organização de Cooperação de Xangai, que está se tornando uma instituição cada vez mais militar, além de política. Mesmo assim, elas continuam sendo rivais tradicionais. A Rússia continua a temer que a enorme e produtiva população chinesa acabe aos poucos tomando os territórios russos pouco povoados da Sibéria e do Extremo Oriente. A economia industrial chinesa, enquanto isso, depende mais do mercado americano do que a Rússia exportadora de petróleo. Os líderes russos às vezes temem que o amor dos chineses pelo mercado americano seja maior do que o ódio deles pela hegemonia dos EUA. Mas, por enquanto, os interesses geopolíticos das duas grandes potências convergem mais do que divergem. Ambas têm interesse e desejo em reduzir a escala do predomínio americano e em criar uma distribuição mais igualitária de poder no mundo, o que é outra maneira de dizer que elas querem mais poder relativo para si mesmas.

O problema é que as outras grandes potências do mundo – as potências democráticas da Europa, o Japão e a Índia – não estão dispostas a seguir esse caminho. Pelo contrário, elas estão se aproximando dos Estados Unidos geopoliticamente. A mudança mais notável aconteceu na Índia, uma antiga aliada de Moscou que hoje vê a manutenção de boas relações com os EUA como algo essencial para conquistar os seus objetivos estratégicos e econômicos mais amplos. O porta-voz do Ministério das Relações Exteriores da Índia colocou isso de forma simples: "Os EUA são a superpotência dominante, então é lógico que nós busquemos desenvolver boas relações com eles".[122] Os líderes japoneses chegaram a essa conclusão há uma década. Em meados da década de 1990, a aliança nipo-americana ameaçava entrar em colapso. Mas desde 1997 a relação estratégica entre os dois países se fortaleceu, parcialmente por causa das preocupações cada vez maiores dos japoneses com a China e a Coréia do Norte, e parcialmente como uma forma de melhorar a posição do próprio Japão na Ásia Oriental e no mundo. Algumas nações do Sudeste Asiático também começaram a se proteger contra a ascensão da China. E até mesmo a Coréia do Sul, com sua complexa relação com os Estados Unidos e sua hostil relação com o Japão, começa a olhar para a China com preocupação. Notavelmente, 89% dos sul-coreanos que responderam a uma pesquisa no ano passado disseram acreditar que o crescimento militar da China era "algo ruim".[123]

Na Europa também há uma inconfundível tendência de aproximação estratégica com os Estados Unidos. Alguns anos atrás, Gerhard Schroeder e Jacques Chirac flertaram com a possibilidade de se aproximar da Rússia como uma forma de contrabalançar o poder americano. Mas agora, a França, a Alemanha e o resto da Europa têm caminhado na direção contrária. Isso não se deve a uma afeição renovada pelos Estados Unidos. É uma resposta à mudança nas circunstâncias internacionais, e às lições aprendidas no passado. As políticas externas mais pró-americanas de Nicolas Sarkozy e Angela Merkel não são apenas motivadas por suas personalidades particulares, mas refletem uma nova determinação dos interesses da França, da Alemanha e da Europa. Eles acreditam que relações próximas – mas não acríticas – com os Estados Unidos dão um impulso ao poder e à influência européias, impulso esse que a Europa não seria capaz de conseguir sozinha. A tentativa de Chirac e Schroeder de fazer da Europa um contrapeso ao poder americano falhou, em parte porque os países da Europa Central e da Europa Oriental que entraram recentemente na União Européia temem a nova ascensão da Rússia, e insistem em manter estreitos laços estratégicos com Washington.

Como a Rússia e a China aprenderam a contragosto, a grande e duradoura divisão entre as visões americana e européia acerca do poder e do uso da força não provocará uma separação estratégica entre a Europa e os Estados Unidos. "Se você me perguntasse com qual dos [dois] países a França terá relações mais próximas – os Estados Unidos ou a Rússia", disse Sarkozy, "minha resposta seria 'os EUA' (...) A amizade entre a Europa e os Estados Unidos são a pedra angular da estabilidade mundial e ponto."[124]

No final das contas, por mais que suas opiniões públicas sejam mais antiamericanas que no passado, os tradicionais aliados dos EUA na Ásia Oriental e na Europa continuam buscando políticas que refletem uma maior preocupação com os poderosos Estados autocráticos em suas proximidades do que com os Estados Unidos.[125] Com a divisão a respeito do Iraque se apagando, o atual ministro das Relações Exteriores da Rússia teme a "consolidação de uma ligação transatlântica às nossas custas".[126]

Mesmo no Oriente Médio, onde o antiamericanismo é mais intenso e onde as imagens da ocupação americana no Iraque e do presídio de Abu Ghraib continuam muito fortes na memória popular, o equilíbrio estratégico não mudou tanto. Jordânia, Egito, Arábia Saudita e Marrocos continuam a trabalhar bem próximos dos Estados Unidos, apesar de uma pressão maior emanar de Washington em favor da reforma política dessas autocracias. Também seguem o mesmo caminho as nações do Golfo Pérsico, organizadas no Conselho de Cooperação do Golfo, que estão preocupadas com o Irã. A Líbia deixou de ser firmemente antiamericana para adotar uma postura mais ambígua. O Líbano permanece um campo de batalha, mas é possível argumentar que o país está mais próximo dos Estados Unidos hoje do que quando estava sendo controlado de forma mais ativa pela Síria, até poucos anos atrás. O Iraque mudou de um implacável antiamericanismo sob o governo de Saddam Hussein para uma posição de dependência dos EUA. Um Iraque estável e pró-americano mudaria decisivamente o equilíbrio estratégico em favor dos Estados Unidos. O país está sobre vastas reservas de petróleo e poderia se tornar uma potência significativa na região.

Esse equilíbrio estratégico favorável pode mudar de repente, e de modo radical. Se o Irã obtiver armamentos nucleares, e os meios de empregá-los, alterará a equação estratégica na região. Enquanto isso não ocorre, no entanto, como a Rússia e a China, o próprio Irã precisa lidar com certo equilíbrio regional de poder. Uma aliança dos Estados sunitas tem como preocupação a expansão da influência iraniana e xiita no Oriente Médio. Junto com Israel, e apoiada pela superpotência americana, essa coalizão antiiraniana parece mais forte que qualquer coalizão antiamericana que o Irã tenha sido capaz de reunir.[127] Apesar dos esforços para expandir suas próprias alianças na região, o Irã conta apenas com a Síria. Movimentos de resistência apoiados pelo Irã, como o Hezbollah e o Hamas, continuam a ganhar força, mas até agora não produziram uma revolução estratégica na região.

Essa falta de um realinhamento básico no Oriente Médio contrasta claramente com as maiores derrotas estratégicas sofridas pelos Estados Unidos na Guerra Fria. Nas décadas de 1950 e 1960, o movimento nacionalista pan-arábico se espalhou pela região e abriu as portas para um envolvimento soviético sem precedentes, incluindo uma quase aliança entre Moscou e o Egito de Gamal Abdel Nasser, e também a Síria. Em 1979, um pilar fundamental da posição estratégica americana na região caiu quando o Xá pró-americano do Irã foi derrubado pela virulenta revolução antiamericana do Aiatolá Khomeini. Isso levou a uma mudança fundamental no equilíbrio estratégico da região, que continua afetando os Estados Unidos ainda hoje. Nada equivalente aconteceu até agora como conseqüência da Guerra do Iraque.

Enquanto isso, o número de bases militares americanas em países estrangeiros continua a crescer, tanto no Oriente Médio quanto no resto do mundo. Desde 11 de setembro de 2001, os Estados Unidos construíram ou expandiram suas bases na Ásia Central, em países como o

Afeganistão, o Quirguistão, o Paquistão, o Tadjiquistão, e o Uzbequistão; na Europa, em países como a Bulgária, a Geórgia, a Hungria, a Polônia e a Romênia; e também nas Filipinas, em Djibouti, em Omã, no Qatar e, é claro, no Iraque. Na década de 1980, a hostilidade à presença militar americana começou a forçar a saída dos Estados Unidos das Filipinas, e na década de 1990 parecia estar minando o apoio às bases americanas no Japão. Hoje, as Filipinas estão repensando essa decisão, e o furor contra as bases dos EUA no Japão diminuiu bastante. Na Alemanha, as bases americanas são menos controversas que os planos americanos para reduzi-las. Não é isso que se esperaria se houvesse um medo ou uma hostilidade disseminados com relação à arrogante potência americana. Uma boa parte do mundo não apenas tolera, mas está disposta a dar o seu apoio à primazia geopolítica americana, não porque as pessoas amem os EUA, mas como uma forma de proteção contra as potências regionais mais preocupantes.[128]

Os estrategistas chineses acreditam que a atual configuração internacional deve permanecer por algum tempo, e eles provavelmente estão certos. Enquanto os Estados Unidos continuarem a ser o centro da economia internacional, a potência militar predominante e o maior apóstolo da mais popular filosofia política do mundo; enquanto a opinião pública americana continuar a apoiar a predominância dos EUA, como tem feito de forma consistente por seis décadas; e enquanto os potenciais desafiantes inspirarem mais medo do que simpatia entre os seus vizinhos, a estrutura do sistema internacional deve permanecer como está, com uma superpotência e várias grandes potências.[129]

Isso é bom? A resposta é: bom comparado a quê? Comparado a uma ordem internacional liberal aperfeiçoada, na qual as nações seriam mais igualitárias, mais liberais, mais democráticas, mais comprometidas com a paz e mais obedientes aos princípios das regras e normas internacionais, a atual ordem mundial dominada pelos Estados Unidos pode ser inferior. Infelizmente, os Estados Unidos não são imunes a todas as fraquezas normais dos seres humanos e das nações, incluindo a arrogância e o egoísmo, e também, eventualmente, a humildade excessiva e as falhas que decorrem da tentativa de ser generoso demais. O país algumas vezes age quando não deveria, e outras vezes não age quando deveria. Comete erros de julgamento e também de ação, assim como as outras nações. Mas por causa do seu tamanho e da importância que tem no sistema internacional, os seus erros podem desestabilizar o planeta de um modo que os erros de potências menores não podem. Como os outros países observaram muitas vezes ao longo do século passado, os Estados Unidos são como um cachorro grande num quarto pequeno: se balança o rabo, derruba as coisas. Quando os Estados Unidos agem de forma equivocada, como no Iraque, os efeitos se espalham pelo mundo. Quando distorcem as normas internacionais, como as grandes potências às vezes fazem, podem provocar um efeito muito maior no sistema internacional do que se nações menores fizerem a mesma coisa.

Mas mesmo se os Estados Unidos tivessem uma sabedoria sobre-humana, mesmo se agissem sempre de forma moral e hábil, o poder americano continuaria a inspirar inveja e hostilidade, e, em alguns lugares, até mesmo medo. A ordem internacional dominada pelos Estados Unidos atrapalha o caminho de outras nações que naturalmente prefeririam uma distribuição de poder e influência mais favorável aos seus próprios interesses – por exemplo, a China, a Rússia e o Irã. E representa dificuldades também para aqueles que, como os europeus, estão relativamente satisfeitos com a distribuição geral de poder no mundo, mas se sentem desconfortáveis com um país como os Estados Unidos, que eles não podem controlar. Esse não é um problema novo. Mesmo nos primeiros anos da Guerra Fria, agora rememorados como uma maravilhosa era de harmonia transatlântica, os europeus temiam o poder dos seus benfeitores americanos, e temiam que, como colocou um estadista, "nós sejamos impotentes demais para corrigir vocês quando estiverem errados, e vocês sejam idealistas demais para corrigirem a si mesmos".[130]

As imperfeições do atual sistema são bastante óbvias. Mas qual é a alternativa realista? As pessoas talvez esperem um mundo mais harmonioso, baseado em uma nova liga de nações, mas a ascensão da competição entre as grandes potências e o choque de interesses e ambições entre as nações da Eurásia tornam essa evolução pouco provável. Mesmo sob os auspícios do predomínio americano, conflitos regionais envolvendo grandes potências podem surgir. A questão é: se os Estados Unidos forem menos dominantes, esses conflitos se tornarão mais ou menos prováveis? Os EUA podem agir, e de fato agem, de forma egoísta e obtusa, atrapalhando ou mesmo prejudicando os interesses de outras nações. Mas não está claro se, em um mundo multipolar, a Rússia, a China, a Índia, o Japão ou mesmo a Europa serão mais sábios e virtuosos no uso dos seus poderes. Um aspecto novo desse mundo multipolar seria o fato de que a maioria dessas potências possui armas nucleares. Isso poderia tornar as guerras entre elas menos prováveis, ou mais catastróficas.

Na Ásia Oriental, a maior parte das nações concorda que um EUA confiável e predominante tem um efeito estabilizador e pacífico. Mesmo a China, que busca gradualmente suplantar os Estados Unidos como potência dominante na região, encara o dilema de que uma retirada americana poderia impulsionar um Japão ambicioso, independente e nacionalista.

Também na Europa, a saída de cena dos Estados Unidos – mesmo no caso de o país permanecer a nação mais poderosa do mundo – poderia ser desestabilizadora. Poderia deixar a Rússia tentada a lidar de forma ainda mais dominante com as nações indisciplinadas da sua periferia, podendo usar ainda mais a força. Se os Estados Unidos se retirarem da Europa, com o tempo, isso poderia aumentar a probabilidade de um conflito envolvendo a Rússia e os seus vizinhos mais próximos. A União Européia, esse grandioso milagre geopolítico, deve a sua fundação aos Estados Unidos. Sem ele, a França, o Reino Unido e outros países nunca teriam se sentido seguros o suficiente depois da Segunda Guerra Mundial para reintegrar a Alemanha à Europa. E embora a maioria dos europeus rechace essa idéia, a estabilidade da Europa continua dependendo da garantia de que, em último recurso, os Estados Unidos podem entrar para evitar a concretização de qualquer tendência perigosa no continente.

Também é uma postura otimista imaginar que uma menor presença americana no Oriente Médio levaria a uma maior estabilidade. A competição por influência entre as potências da própria região e de fora tem sido incontrolável por mais de dois séculos. A ascensão do fundamentalismo islâmico soma apenas uma nova e mais ameaçadora dimensão. Nem um fim repentino do conflito entre Israel e os palestinos, nem uma saída americana imediata do Iraque traria o fim para as tensões e competições no Oriente Médio. À medida que os Estados Unidos retirarem ou reduzirem a sua presença, outras potências, tanto de dentro quanto de fora da região, preencherão o vácuo. Não importa o que os Estados Unidos façam, pode-se esperar um envolvimento mais profundo no Oriente Médio, tanto por parte da China, quanto por parte da Rússia, pelo menos para garantir os seus crescentes interesses e, além disso, suas crescentes ambições. Pode-se também esperar que algum dos Estados mais poderosos da região, particularmente o Irã, realize sua velha ambição de se tornar regionalmente hegemônico.

Na maioria das regiões vitais do mundo – a Ásia Oriental, a Europa e o Oriente Médio – os Estados Unidos ainda são uma pedra fundamental. Retire-a e a construção desaba. O poder americano gerou alguns benefícios públicos internacionais; serviços que beneficiam não apenas os Estados Unidos, mas também muitas outras nações. Para citar um exemplo, a Marinha americana preserva a segurança e a liberdade das rotas marítimas para todas as nações, mesmo quando os próprios Estados Unidos estão em guerra. Não precisava ser assim. Ao longo da maior parte da história, o controle das rotas marítimas e comerciais foi constantemente disputado pelas grandes potências. Quando elas entravam em guerra umas com as outras, todo o sistema comercial internacional era afetado, e nações neutras sofriam tanto quanto as que estavam em combate. Se fosse permitido, a China e a Índia disputariam o controle do Oceano Índico, o Japão e a China poderiam entrar em conflito pelo controle das águas entre eles, e no caso de uma guerra, as rotas comerciais cruciais seriam fechadas, não apenas para essas nações, mas para o mundo inteiro. Na ausência da predominância naval americana, conflitos regionais no Oriente Médio e no Golfo Pérsico poderiam levar ao fechamento do estreito de Ormuz e do canal de Suez. Se isso não aconteceu nas últimas décadas, não é porque as nações do mundo aprenderam, evoluíram e adotaram novas normas de comportamento internacional. É porque a Marinha americana domina os oceanos.

A ordem mundial não está assentada apenas em instituições e idéias. Ela é moldada pelas configurações de poder. A ordem internacional da década de 1990 refletia a distribuição de poder no mundo depois da Segunda Guerra Mundial e da Guerra Fria. A ordem de hoje reflete a crescente influência das grandes potências, incluindo as grandes potências autocráticas. Uma configuração diferente de poder, um mundo multipolar, no qual os pólos fossem a Rússia, a China, os Estados Unidos, a Índia e a Europa, produziria um outro tipo de ordem, com diferentes regras e normas, refletindo os interesses dos Estados poderosos capazes de moldá-la. Seria essa ordem internacional melhor? Talvez fosse para Pequim, Moscou e Teerã. Mas é duvidoso que ela servisse aos interesses dos democratas iluministas nos Estados Unidos e na Europa tão bem quanto o atual sistema.

PARA UMA LIGA DAS DEMOCRACIAS

As democracias do mundo precisam começar a pensar em como proteger seus interesses e defender seus princípios em um mundo no qual eles estão sendo fortemente desafiados outra vez. Isso incluirá o estabelecimento de novos meios de avaliar e conceder legitimidade internacional para as ações. O Conselho de Segurança da ONU não pode servir a esse propósito, porque está definitivamente paralisado pela divisão entre os membros autocráticos e democráticos. Ainda assim, o mundo democrático continua precisando de mecanismos para conciliar as diferenças e atingir o consenso. Uma possibilidade seria estabelecer um concerto ou uma liga mundial de democracias, talvez informalmente a princípio, mas com o objetivo de realizar encontros regulares e consultas entre nações democráticas sobre os assuntos atuais. Tal instituição poderia unir nações da Ásia e da Oceania, como o Japão, a Austrália e a Índia, com as nações da Europa e da América do Norte que formam a UE e a OTAN, além de outras democracias, como o Brasil – democracias que até agora tiveram comparativamente pouco a ver umas com as outras para além das áreas do comércio e das finanças. A instituição complementaria, e não substituiria, a ONU, a OTAN, o G8 e outras organizações mundiais. Mas ela indicaria um compromisso com a idéia de democracia, e poderia se tornar um meio de reunir os recursos das nações democráticas para lidar com várias questões que não podem ser abordadas nas Nações Unidas. Se obtiver sucesso, poderia ajudar a conferir legitimidade às ações que as nações democráticas considerem necessárias, mas as nações autocráticas se recusam a aceitar – como a OTAN conferiu legitimidade à intervenção em Kosovo.

Em um mundo cada vez mais dividido entre linhas autocráticas e democráticas, os democratas do mundo precisarão contar uns com os outros. Isso não requer uma cruzada cega a favor da democracia em todos os lugares o tempo todo, ou um confronto violento contra as potências autocráticas. As democracias não precisam parar de comercializar com as autocracias, nem de se envolver em negociações com elas a respeito de questões de interesse comum ou divergentes. Mas as políticas externas dos Estados Unidos e das democracias precisam estar em harmonia com as distinções políticas no mundo de hoje, e devem reconhecer o papel que a luta entre a democracia e a autocracia tem nas questões estratégicas mais importantes. O verdadeiro realismo nas relações internacionais significa entender que as políticas externas das nações são fortemente moldadas pela natureza dos seus governos.

As democracias do mundo precisam demonstrar solidariedade umas com as outras, e precisam apoiar aqueles que estão tentando abrir um espaço democrático onde antes ele estava fechado. O apoio à democracia tem relevância estratégica em parte porque favorece o fortalecimento do mundo liberal e expõe as fraquezas das potências autocráticas. É fácil olhar para a China e a Rússia de hoje e acreditar que elas são imunes à influência externa. Mas não se deve ignorar suas fragilidades e vulnerabilidades. Esses regimes autocráticos podem estar mais fortes do que estavam no passado em termos de riqueza e influência global, mas eles continuam vivendo em uma era predominantemente democrática. Isso significa que eles encaram um inevitável problema de legitimidade. Eles não são como as monarquias da Europa nos séculos XVIII e XIX, que tinham legitimidade histórica, porque o mundo não havia conhecido muito mais do que a autocracia por séculos. As autocracias de hoje lutam para criar um novo tipo de legitimidade, e essa não é uma tarefa fácil. Os líderes chineses correm com o seu desenvolvimento econômico, temendo que qualquer desaceleração signifique a sua ruína. Eles nervosamente acabam com o menor sinal de oposição política, porque vivem com medo de repetir o colapso soviético e sua própria experiência quase mortal, de 1989. Eles temem o auxílio estrangeiro a qualquer oposição política interna mais do que temem uma invasão estrangeira. Na Rússia, Putin tem uma tendência a obliterar seus oponentes, mesmo que eles pareçam fracos, porque teme que qualquer sinal de vida na oposição possa derrubar o seu regime.

As democracias do mundo têm um interesse estratégico em manter as esperanças democráticas vivas na Rússia e na China. Os otimistas dos primeiros anos pós-Guerra Fria não estavam errados em acreditar que uma Rússia e uma China em processo de democratização seriam parceiros internacionais melhores. Uma China democrática estaria muito menos propensa a entrar em conflito com os Estados Unidos, em parte porque os americanos seriam mais tolerantes com uma grande potência democrática ascendente do que com uma grande potência autocrática ascendente.

O erro da década de 1990 foi acreditar que a democracia era inevitável. Hoje, o otimismo excessivo foi substituído em muitos lugares por um pessimismo excessivo. Muitos europeus insistem que influências estrangeiras não teriam efeito sobre a Rússia. Olhando para os tempos da Guerra Fria, no entanto, boa parte desses mesmos europeus considera que os Acordos de Helsinque, assinados na década de 1970, tiveram um impacto sutil, mas por vezes profundo, na evolução da União Soviética e do bloco oriental. Será a Rússia de Putin mais imune a tais métodos do que a União Soviética de Leonid Brezhnev? O próprio Putin acha que não. Nem os líderes chineses, caso contrário não gastariam milhões policiando salas de bate-papo na internet e promovendo uma campanha de repressão contra os praticantes de Falun Gong.

Os Estados Unidos e outros países deveriam promover a democracia no Oriente Médio também? Uma maneira de responder a essa pergunta é devolvê-la: os Estados Unidos deveriam apoiar as autocracias no Oriente Médio? Essa é a única outra alternativa, no final das contas. Não existe uma posição neutra em questões como essa. Ou as democracias do mundo apóiam as autocracias, por meio de ajuda, reconhecimento, relações diplomáticas amigáveis e trocas comerciais regulares, ou usam suas diversas formas de influência para pressionar por reformas democráticas em vários graus. Estrategistas políticos e analistas podem discutir sobre o ritmo adequado das reformas ou a quantidade exata de pressão a ser empregada, mas poucos europeus, e ainda menos americanos, diriam que as democracias deveriam simplesmente dar apoio aos autocratas do Oriente Médio e não pressionar de modo algum por mudanças.

A questão mais importante, portanto, realmente diz respeito à tática e ao tempo certo. Mas não importa se a preferência for por agir mais rápido ou mais devagar, de modo mais duro ou mais sutil, sempre existirá o risco de que uma pressão de qualquer tipo produza a vitória dos radicais islâmicos. Vale a pena correr esse risco? Uma pergunta semelhante surgiu constantemente durante a Guerra Fria, quando liberais americanos exigiram que os Estados Unidos parassem de dar apoio aos ditadores do Terceiro Mundo, e os conservadores e neoconservadores alertaram que os ditadores seriam substituídos por comunistas pró-URSS. Algumas vezes isso se provou verdade. Mas, na maioria dos casos, tais tentativas produziram governos democráticos moderados e pró-EUA. A lição a ser tirada dos anos Reagan, quando governos democráticos razoáveis e pró-americanos substituíram as ditaduras de direita em El Salvador, na Guatemala, nas Filipinas, em Taiwan, na Coréia do Sul e em outros lugares, é que, em média, valeu a pena correr o risco.

Talvez valha a pena correr esse risco novamente no Oriente Médio, e não apenas como uma estratégia de promoção da democracia, mas como parte de um esforço maior para lidar com o radicalismo islâmico, acelerando e intensificando o contato dele com o mundo moderno e globalizado. Dentre as muitas opções ruins para lidar com esse problema imensamente perigoso, a melhor pode ser acelerar o processo – mais modernização, mais globalização, mais rápido. Isso requereria maiores esforços para apoiar e ampliar o capitalismo e o livre comércio nos países árabes, como muitos já recomendaram, assim como maiores esforços para aumentar o acesso público ao mundo por meio da televisão e da internet. Também não devemos encarar como uma involução se o uso dessas ferramentas modernas de comunicação também serve para organizar os extremistas radicais. Isso é inevitável enquanto a reação radical islâmica persistir – e ela persistirá por algum tempo.

Finalmente, o mundo democrático deve continuar a promover a liberalização política; a apoiar os direitos humanos, incluindo a emancipação da mulher; e a usar sua influência para defender a liberdade de imprensa e a realização regular de eleições, que pelo menos irão mudar continuamente o poder de um grupo pequeno para um maior. Isso também produzirá reveses. Dará um canal para que os ressentimentos populares se expressem, e para alguns radicais islâmicos conseguirem o poder nas urnas. Mas talvez essa fase seja tão inevitável quanto o atual conflito, e o quanto antes ela começar, mais cedo uma nova fase poderá surgir.[131]

CONCLUSÃO

A grande falácia da nossa era foi a crença de que a ordem liberal internacional se baseia no triunfo de idéias e na expansão natural do progresso humano. Essa é uma tese imensamente atrativa, profundamente enraizada na visão de mundo iluminista da qual todos nós, no mundo liberal, somos produto. Nossos cientistas políticos postulam teorias de modernização, com estágios sucessivos de desenvolvimento político e econômico levando em última instância ao liberalismo. Nossos filósofos políticos imaginam uma grande dialética histórica, na qual o conflito entre visões de mundo ao longo dos séculos produz, no final, a resposta correta, que é a democracia liberal. Naturalmente, muitos estão inclinados a acreditar que a Guerra Fria acabou como acabou simplesmente porque a melhor visão de mundo triunfou, como de fato aconteceu, e que a ordem mundial que existe hoje não é nada mais do que um estágio superior da marcha da humanidade, das batalhas e agressões em direção a uma coexistência pacífica e próspera.

Tais ilusões parecem verdadeiras o suficiente para serem perigosas. É claro que as idéias de uma democracia liberal e de um livre mercado têm força. No longo prazo, se tudo permanecer igual, elas devem prevalecer sobre visões de mundo alternativas, primeiro por sua capacidade de produzir bens materiais e, mais importante, por causa de seu apelo a um aspecto mais poderoso da natureza humana, o desejo de autonomia pessoal, de reconhecimento, de liberdade de pensamento e de consciência.

Também é lógico que um mundo de Estados democráticos e liberais produza gradualmente uma ordem internacional que reflita tais qualidades liberais e democráticas. Esse tem sido o sonho iluminista desde o século XVIII, quando Kant imaginou uma "Paz Perpétua" entre repúblicas liberais, fundada sobre o desejo natural de todos os povos pela paz e pelo conforto material. Embora alguns possam rir, essa tem sido uma visão incrivelmente atraente. Seu espírito animou os movimentos internacionais de regulação no final do século XIX, o entusiasmo mundial pela Liga das Nações, no começo do século XX, e pelas Nações Unidas, depois da Segunda Guerra Mundial. Também tem sido uma visão notavelmente duradoura, sobrevivendo aos horrores das duas guerras mundiais, uma mais desastrosa que a outra, e à longa Guerra Fria, que pela terceira vez destruiu as expectativas de progresso em direção a esse ideal.

Uma prova da vitalidade dessa visão iluminista é o fato de esperanças em uma nova era na história humana terem surgido novamente com tanta força depois da queda do comunismo soviético. Mas é necessário um pouco mais de ceticismo. Afinal, a humanidade de fato progrediu tanto? O século mais destrutivo em todos os milênios de história da humanidade acabou recentemente; ele não está enterrado em um passado negro, profundo e distante. Nossa era moderna, supostamente iluminada, produziu os maiores horrores de todos os tempos – as agressões em massa, as "guerras totais", as fomes, os genocídios, os conflitos nucleares – e os agentes desses horrores foram as nações mais civilizadas e iluminadas do mundo. O reconhecimento dessa terrível realidade – de que a modernidade não produziu maiores benefícios, apenas piores formas de maldade – foi o centro da discussão filosófica no século XX. Que razão havia para acreditar que depois de 1989 a humanidade estivesse, de repente, prestes a entrar em uma ordem completamente nova?

O foco no brilhante espetáculo do progresso no fim da Guerra Fria deixou de lado os fios, vigas e andaimes que tornaram tal progresso possível. Essa visão falhou ao não perceber que o progresso não era inevitável, mas dependia dos eventos – das batalhas vencidas ou perdidas, do sucesso ou do esmagamento dos movimentos sociais, de políticas econômicas aplicadas ou descartadas. A difusão da democracia não era apenas o desenrolar de um determinado processo de desenvolvimento econômico e político. Nós não sabemos realmente até que ponto tal processo evolutivo, com estágios previsíveis e relações de causa e efeito conhecidas, existe de fato.[132]

O que nós sabemos é que a virada global em direção à democracia coincide com a virada histórica no equilíbrio de poder em favor das nações e dos povos que privilegiaram a idéia de uma democracia liberal, uma virada que começou com o triunfo das polêmicas democráticas sobre o fascismo, na Segunda Guerra Mundial, e em seguida por um segundo triunfo das democracias sobre o comunismo, na Guerra Fria. A ordem liberal internacional que emergiu depois dessas duas vitórias reflete a nova balança de poder, esmagadoramente favorável às forças liberais. Mas essas vitórias não eram inevitáveis, e não serão necessariamente duradouras. Atualmente, a nova ascensão das grandes potências autocráticas, e também as forças reacionárias do radicalismo islâmico, enfraqueceram essa ordem, e ameaçam enfraquecê-la ainda mais nos próximos anos e décadas.

Depois da Segunda Guerra Mundial, um outro momento histórico no qual as esperanças por um novo tipo de ordem internacional eram excessivas, Hans Morgenthau alertou contra os que imaginavam que "a cortina se fechará e o jogo da política do poder não será mais jogado".[133] As disputas continuaram naquela época, e continuam hoje. Há seis décadas, os líderes americanos acreditavam que os Estados Unidos tinham os meios e a responsabilidade de usar o seu poder para prevenir uma volta às circunstâncias que produziram as duas guerras mundiais e inumeráveis calamidades nacionais. Reinhold Niebuhr, que sempre alertou contra as ambições americanas e a fé excessiva do país no seu próprio poder, também acreditava, ele com uma fé bem particular, que "o problema do mundo não pode ser solucionado se os Estados Unidos não aceitarem toda a sua parcela de responsabilidade em resolvê-lo".[134] Hoje, os Estados Unidos dividem essa responsabilidade com o resto do mundo democrático, que é infinitamente mais forte do que era no final da Segunda Guerra Mundial. A ordem internacional do futuro será moldada por aqueles que tiverem o poder e a disposição coletiva para moldá-la. A questão é se as democracias estarão novamente à altura desse desafio.

NOTAS

1 Esse foi o título escolhido pelo ex-presidente George H. W. Bush e seu assessor para a segurança nacional, Brent Scowcroft, para o relatório que escreveram sobre a política externa americana com o fim da Guerra Fria. George Bush e Brent Scowcroft, *A World Transformed* (Nova York, 1998).

2 Francis Fukuyama, *The End of History and the Last Man* (Nova York, 1992), p. 211.

3 Citado em Thomas L. Pangle e Peter J. Ahrensdorf, *Justice Among Nations: On the Moral Basis of Power and Peace* (Lawrence, Kans, 1999), p. 159.

4 "Toward a New World Order", discurso apresentado em uma sessão conjunta do Congresso americano pelo presidente George H. W. Bush, em 11 de setembro de 1990.

5 Fukuyama, *The End of History and the Last Man*, p. 263.

6 Dmitri V. Trenin, *Getting Rússia Right* (Washington, D.C., 2007), p. 70.

7 "Tudo isso pode acontecer porque as novas forças democráticas na União Soviética e na Europa Oriental entenderam, melhor que os realistas ocidentais, que as democracias representam ameaças pequenas umas para as outras." Fukuyama, *The End of History and the Last Man*, p. 264.

8 Martin Walker, "The Clinton Doctrine", *The New Yorker*, 7 de outubro de 1996.

9 Citado em Thomas L. Pangle e Peter J. Ahrensdorf, *Justice Among Nations*, pp. 159-60.

10 Fukuyama, *The End of History and the Last Man*, p. 263.

11 Michael Mandelbaum, *The Ideas That Conquered the World: Peace, Democracy, and Free Markets in the Twenty-first Century* (Nova York, 2002), p. 374.

12 G. John Ikenberry, "Liberal International Theory in the Wake of 9/11 and American Unipolarity", artigo escrito para o seminário "IR Theory, Unipolarity and September 11th – Five Years On", NUPI (Norweigen Institute of International Affairs), Oslo, Noruega, 3-4 de fevereiro de 2006.

13 Dean Acheson, citado em Robert L. Beisner, *Dean Acheson: A Life in the Cold War* (Oxford, 2006), p. 372; Second Inaugural Address, William J. Clinton, 20 de janeiro de 1997.

14 Strobe Talbott, "Hegemon and Proud of It: No Apologies for Being the Only Superpower – and Acting Like It", *Slate*, 27 de junho de 1998 (online).

15 Robert Cooper, "The New Liberal Imperialism", *The Observer*, 7 de abril de 2002.

16 Rosalie Chen, "China Perceives America: Perspectives of International Relations Experts", *Journal of Contemporary China* 12, n°. 35 (maio de 2003), p. 287.

17 Relatório do Banco Mundial sobre o país, 2007.

18 De acordo com um relatório do Conselho Europeu de Relações Exteriores: "A Rússia fortaleceu suas relações políticas recrutando grandes empresas para agir como lobistas da causa russa dentro de países-chave da UE. Suas companhias estatais construíram parcerias com companhias como a EON e a BASF na Alemanha, a ENI na Itália, a GDF e, em menor grau, a Total na França, e a Gasunie nos Países Baixos. Mesmo num contexto de deterioração das relações com o Reino Unido, a Rússia decidiu comprar em vez de expropriar a Shell e a BP em Sakhalin II e Kovykta. A Gazprom forçou a Shell e a BP a vender ações preferenciais nesses projetos por menos que os seus preços de mercado, mas manteve essas companhias como sócias minoritárias. Um especialista russo nos informou que esse dourar a pílula para a BP e a Shell foi parte de uma tentativa deliberada de formar um lobby pró-Rússia. E funcionou: poucas semanas após o acordo, o alto executivo da BP Tony Hayward deu entrevistas na mídia internacional defendendo a posição da Rússia." Veja em Mark Leonard e Nicu Popescu, "A Power Audit of EU-Russia Relations", relatório do Conselho Europeu de Relações Exteriores, novembro de 2007, p. 15.

19 Discurso do Comissário Europeu de Comércio, Peter Mandelson, "The EU and Russia: Our Joint Political Challange", Bolonha, Itália, 20 de abril de 2007.

20 Trenin, *Getting Russia Right*, p. 93.

21 Veja em Sarah E. Mendelson e Theodore P. Garber, "Failing the Stalin Test", *Foreign Affairs* 85, n°. 1 (janeiro / fevereiro de 2006).

22 Dmitri V. Trenin, "Russia Leaves the West", *Foreign Affairs* 85, n°. 4 (julho/ agosto de 2006), pp. 88-98.

23 Leonard e Popescu, "A Power Audit of EU-Russia Relations", p. 17.

24 Ivan Krastev, "Russia vs. Europe: The Sovereignty Wars", publicado no site OpenDemocracy, 5 de setembro de 2007, http://www.opendemocracy.net/article/globalisation/intitutions_government/russia_europe.

25 Discurso do presidente Nicolas Sarkozy na 15ª Conferência dos Embaixadores, Paris, 27 de agosto de 2007.

26 As "regras internas, os valores e a sua própria filosofia de governo" tornam "inimaginável para a UE o uso de embargos no comércio de petróleo e vinho ou bloqueios no comércio e nos transportes como a Rússia faz contra a Geórgia e a Moldávia". Leonard e Popescu, "A Power Audit of EU-Russia Relations", p. 27.

27 John Vinocur, "Scandinavia's Concern? 'Russia, Russia, Russia'", *International Herald Tribune*, 2 de outubro de 2007, p. 2.

28 Na Alemanha e na França, por exemplo, cerca de dois terços dos entrevistados em 2007 tinham uma visão "desfavorável" da Rússia. Veja o relatório da Pew Global Attitudes Projects, "Global Unease with Major World Powers", publicado em 27 de junho de 2007, p. 73.

29 Citado em Vinocur, "Scandinavia's Concern? 'Russia, Russia, Russia'", p. 2.

30 Veja em Peter Hays Gries, *China's New Nationalism: Pride, Politics, and Diplomacy* (Berkeley, 2005), p. 105.

31 Zheng Bijian, "China's 'Peaceful Rise' to Great Power Status", *Foreign Affairs* 84, n° 5 (setembro/outubro de 2005), p. 22.

32 Chen Zhimin, "Nationalism, Internationalism and Chinese Foreign Policy", *Journal of Contemporary China* 14, n° 42 (fevereiro de 2005), pp. 36-7.

33 A idéia de que a China deve ser proeminente na Ásia Oriental "continua relativamente forte tanto entre a elite quanto entre os cidadãos comuns". Michael D. Swaine e Ashley J. Tellis, *Interpreting China's Grand Strategy, Past, Present, and Future* (Santa Monica, Calif., 2000), p. 15.

34 Charis Dunn-Chan, "China's Imperial Nostalgia Under Attack", BBC News (online), 11 de maio de 2001.

35 Citado no relatório anual do departamento de defesa dos EUA para o Congresso, "Military Power of the People's Republic of China 2007" (Washington, D.C., 2007), p. 7.

36 *China's National Defense in 2006*, Departamento de Informação do Conselho de Estado da República Popular da China, Pequim, dezembro de 2006.

37 David Shambaugh, *Modernizing China's Military: Progress, Problems, Prospects* (Berkeley, Calif., 2004), pp. 284-85. Como colocaram os acadêmicos Andrew Nathan e Robert S. Ross: "A China está mais forte hoje, e suas fronteiras estão mais seguras do que em qualquer outro período dos últimos 150 anos." Andrew J. Nathan e Robert S. Ross, *The Great Wall and the Empty Fortress: China's Search for Security* (Nova York, 1998), p. 226. As estimativas sobre os gastos militares chineses são imprecisas porque o orçamento oficial chinês não inclui muitos itens que seriam incluídos na maioria dos orçamentos oficiais. Anthony H. Cordesman e Martin Kleiber resumiram as várias estimativas dos gastos chineses atuais com defesa no livro *Chinese Military Modernization and Force Development: Main Report*, relatório de trabalho do Center for Strategic and International Studies, 7 de setembro de 2006, p. 20. Eles fazem referência às seguintes fontes: Departamento de Defesa, *Annual Report to Congress: Military Power of the People's Republic of China* (Washington, D.C., 2006), p. 21; Thomas J. Christensen, "China", in Robert J. Ellings e Aaron L. Friedberg (eds.), *Strategic Asia: Power and Purpose, 2001-2002* (Seattle, 2001), p. 45; David Shambaugh, "China's Military: Real or Paper Tiger?", *Washington Quarterly* 19, n° 2 (1996), p. 23.

38 David Shambaugh, *Modernizing China's Military*, p. 67.

39 Cordesman e Kleiber, *Chinese Military Modernization*, p. 76.

40 O povo chinês agora é ensinado a pensar "no mar como um território", algo que não lhes ensinaram antes, e a entender que a sua "'soberania' inclui três milhões de quilômetros quadrados de mares e oceanos". David Shambaugh, *Modernizing China's Military*, p. 67.

41 Como comentou Avery Goldstein, os chineses vêem a si mesmos cada vez menos como um "pretendente", que busca conseguir favores estrangeiros em termos estrangeiros, e cada vez mais como um "grande jogador", capaz de negociar os termos de um compromisso de igual para igual. Veja em Avery Goldstein, "Great Expectations: Interpreting China's Arrival", *International Security* 22, n° 3 (inverno de 1997/1998), pp. 25-6.

42 Gries, *China's New Nationalism*, p. 51.

43 David Shambaugh, *Beautiful Imperialist: China Perceives America, 1972-1990* (Princeton, N.J., 1991), pp. 252-3.

44 Gries, *China's New Nationalism*, pp. 142-3.

45 Andrew J. Nathan e Bruce Gilley, *China's New Rulers: The Secret Files* (Nova York, 2002), p. 208.

46 Chen, "China Perceives America", p. 287.

47 Nathan e Gilley, *China's New Rulers*, p. 217.

48 Citado em James Mann, *About Face: A History of America's Curious Relationship with China, from Nixon to Clinton* (Nova York, 2000), pp. 337-8.

49 Chen, "China Perceives America", p. 290.

50 Thomas Berger, "Japan's International Relations: The Political and Security Dimensions", in Samuel S. Kim (ed.), *The International Relations of Northeast Asia* (Lanham, Md., 2004), p. 135.

51 Ibid., p. 137.

52 Patrick L. Smith, "Uncertain Legacy: Japanese Nationalism After Koizumi", *International Herald Tribune*, 12 de setembro de 2006.

53 Gries, *China's New Nationalism*, pp. 70, 39.

54 Os "chineses viam os japoneses como 'demônios' (*guizi*) paradigmáticos durante a Segunda Guerra Mundial, e continuam a vê-los assim hoje" (ibid., p. 10). A desconfiança com relação ao Japão "vai fundo" no exército chinês e "transcende gerações" (Shambaugh, *Modernizing China's Military*, p. 301).

55 Mitsuru Kitano, "The Myth of Rising Japanese Nationalism", *International Herald Tribune*, 12 de janeiro de 2006.

56 Kokubun Ryosei, "Beyond Normalization: Thirty Years of Sino-Japanese Diplomacy", *Gaiko Forum* 2, n° 4 (2003), pp. 31-9, citado em Gries, *China's New Nationalism*, p. 92.

57 Kitano, "The Myth of Rising Japanese Nationalism".

58 C. Raja Mohan, "India's New Foreign Policy Strategy", artigo apresentado em um seminário organizado pelo China Reform Forum e o Carnegie Endowment for International Peace, Pequim, 26 de maio de 2006.

59 Ibid.

60 Sunil Khilnani, "The Mirror Asking", *Outlook* (Nova Delhi), 21 de agosto de 2006.

61 C. Raja Mohan, "India and the Balance of Power", *Foreign Affairs* 85, n°. 4 (setembro/outubro de 2005), pp. 17-8.

62 Mohan, "India's New Foreign Policy Strategy".

63 Primeiro-ministro Atal Bihari Vajpayee, carta ao presidente Bill Clinton, republicada em *Hindu*, 14 de maio de 1998.

64 "China Is Threat Number One", *Times of India*, 4 de maio de 1998.

65 "China's Anti-Satellite Test Worries India", *Times of India*, 5 de fevereiro de 2007.

66 Yong Deng, "Reputation and the Security Dilemma: China Reacts to the China Threat Theory", in Alistair Iain Johnston e Robert Ross (eds.), *New Directions in the Study of China Foreign Policy* (Stanford, Calif., 2006), pp. 196-7.

67 Veja em John W. Garver, *Foreign Relations of the People's Republic of China* (Englewood Cliffs, N.J., 1993), pp. 318-9; Mohan, "India and the Balance of Power", p. 30.

68 Mohan, "India and the Balance of Power", p. 30.

69 Declaração conjunta do primeiro-ministro Shiuzo Abe e do primeiro-ministro Manmohan Singh, Nova Delhi, 22 de agosto de 2007.

70 Ray Takeyh, "Iran: Assessing Geopolitical Dynamics and U.S. Policy Options", testemunho diante da House Committee on Armed Services, 8 de junho de 2006; Ray Takeyh, "The Iran Puzzle", *The American Prospect*, 22 de maio de 2007.

71 Citado em Takeyh, "Iran: Assessing Geopolitical Dynamics and U.S. Policy Options".

72 De 1989 a 2001 os Estados Unidos intervieram com forças militares significativas no Panamá (1989), na Somália (1992), no Haiti (1994), na Bósnia (1995-1996), em Kosovo (1999) e no Iraque (1991, 1998).

73 Veja em Melvyn P. Leffer, *A Preponderance of Power: National Security, the Truman Administration, and the Cold War* (Stanford, Calif., 1992).

74 Todas as administrações americanas nos últimos cinquenta anos tentaram planejar mudanças de regime pelo mundo, desde os golpes de Dwight Eisenhower inspirados pela CIA, no Irã e na Guatemala, e seu plano de derrubar Fidel Cas-

tro, que John F. Kennedy tentou realizar, passando pelas conspirações do próprio Kennedy contra Ngo Dinh Diem, no Vietnã, e Rafael Trujillo, na República Dominicana, até as interferências de Richard Nixon no Chile, as exortações de Jimmy Carter para a queda de Anastasio Somoza na Nicarágua, o apoio dado por Ronald Reagan a guerrilhas anticomunistas na Nicarágua, em Angola, no Afeganistão e no Camboja, a invasão promovida por George H. W. Bush no Panamá, e as ações de Bill Clinton na Somália, no Haiti e na Bósnia.

75 Só para citar alguns exemplos recentes, o governo Reagan não buscou autorização internacional para as suas guerras veladas na Nicarágua, no Camboja, no Afeganistão e em Angola, e também não buscou o apoio da ONU nem o da OEA para a invasão de Granada. O governo do primeiro presidente Bush invadiu o Panamá sem a autorização da ONU, e teria entrado em guerra com o Iraque sem autorização se a Rússia tivesse vetado a ação. O governo Clinton interveio no Haiti sem a autorização da ONU, bombardeou o Iraque mesmo com as objeções dos membros permanentes do Conselho de Segurança das Nações Unidas, e entrou na Guerra do Kosovo sem autorização da organização.

76 Discurso do ministro das Relações Exteriores da França, Hubert M. Védrine, em uma conferência no Instituto Francês de Relações Internacionais, Paris, 3 de novembro de 1999.

77 Entrevista da secretária de Estado Madeleine K. Albright na TV NBC, *Today*, com Matt Lauer, Columbus, Ohio, 19 de fevereiro de 1998, transcrição divulgada pelo escritório do porta-voz do departamento de Estado.

78 Veja em Richard N. Haass, *The Reluctant Sheriff: The United States After the Cold War* (Washington D.C., 1998).

79 Reinhold Niebuhr, *The Irony of American History* (Nova York, 1962), pp. 5, 23.

80 O anticomunismo era a "paixão dominante nas relações internacionais", como Norman Podhoretz colocou em seu ensaio de 1996, "Neo-Conservatism: A Eulogy", *Commentary*, março de 1996.

81 Jeane J. Kirkpatrick, "A Normal Country in a Normal Time", *The National Interest*, outono de 1990, pp. 40-4.

82 Trenin, *Getting Russia Right*, pp. 9-10.

83 Krastev, "Russia vs. Europe: The Sovereignty Wars".

84 Trenin, *Getting Russia Right*, pp. 9-10.

85 Leonard e Popescu, "A Power Audit of EU-Russia Relations", p. 13.

86 Krastev, "Russia vs. Europe: The Sovereignty Wars".

87 Como coloca Ivan Krastev: "Oligarcas favoráveis ao Kremlin possuirão os times de futebol da Inglaterra e a classe média russa viajará livremente por toda a Europa, mas as companhias estrangeiras não terão permissão para explorar os recursos naturais russos e os críticos internos do Kremlin serão expulsos das capi-

tais européias." Ivan Krastev, "Russia as the 'Other Europe'", in *Russia in Global Affairs*, n° 4 (outubro/dezembro de 2007).

88 Nathan e Gilley, *China's New Rulers*, p. 236.

89 Como dois estudiosos dessa área observaram: "O crescimento econômico, em vez de ser uma força que leva à mudança democrática em Estados tirânicos, pode, às vezes, ser usado para fortalecer regimes opressores." Bruce Bueno de Mesquita e George W. Downs, "Development and Democracy", *Foreign Affairs* 84, n° 5 (setembro/outubro de 2005), pp. 78, 85.

90 Minxin Pei, *China's Trapped Transition: The Limits of Developmental Autocracy* (Cambridge, Mass., 2006).

91 Discurso do presidente Vladimir Putin na 43ª Conferência de Munique sobre Política de Segurança, 10 de fevereiro de 2007.

92 Como nota o presidente da Estônia, a Rússia de hoje tem "más relações com todos os países democráticos na sua fronteira" e "boas relações apenas com os países não-democráticos". Discurso do presidente Toomas Hendrik Ilves na Universidade de Tbilisi, 8 de maio de 2007.

93 Yong Deng e Fei-Ling Wang (ed.), *China Rising: Power and Motivation in Chinese Foreign Policy* (Lanham, Md., 2004), p. 10.

94 Katrin Bennhold, "New Geopolitics Personified", *International Herald Tribune*, 24 de janeiro de 2008, p. 10.

95 Discurso do presidente Vladimir Putin na 43ª Conferência de Munique sobre Política de Segurança.

96 Fei-Ling Wang, "Beijing's Incentive Structure: The Pursuit of Preservation, Prosperity, and Power", in Deng e Wang, *China Rising*, p. 22.

97 Trenin, *Getting Russia Right*, p. 3.

98 Anna Smolchenko, "Putin Lashes Out at West and Domestic Critics at Election Rally", *International Herald Tribune*, 21 de novembro de 2007.

99 Cooper, "The New Liberal Imperialism".

100 Shambaugh, *Modernizing China's Military*, p. 298.

101 Discurso do presidente Vladimir Putin na 43ª Conferência de Munique sobre Política de Segurança.

102 Robert Cooper, *The Breaking of Nations: Order and Chaos in the Twenty-first Century* (Londres, 2003), pp. 60-1; Henry Kissinger, "The End of NATO as We Know It?", *Washington Post*, 15 de agosto de 1999, p. B7.

103 Shambaugh, *Beautiful Imperialist*, p. 274.

104 Discurso do presidente Vladimir Putin na 43ª Conferência de Munique sobre Política de Segurança.

105 Leonard e Popescu, "A Power Audit of EU-Russia Relations", p. 8.

106 John W. Garver, *China and Iran: Ancient Partners in a Post-Imperial World* (Seattle, 2007), p. 101.

107 Ibid., p. 103.

108 Ministro das Relações Exteriores da Rússia, Sergei Lavrov, "The Present and the Future of Global Politics", *Russia in Global Affairs*, n° 2 (abril/junho de 2007).

109 Ver Mohan, "India and the Balance of Power".

110 Liu Xuecheng, "Blueprint for 'Asian NATO'", *People's Daily*, 3 de junho de 2004.

111 Ignorando o fato de que Cingapura não é uma democracia. Hisane Misake, "'Axis of Democracy' Flexes Its Military Muscle", *Asia Times*, 31 de março de 2007 (online).

112 Discurso do primeiro-ministro Shinzo Abe no Parlamento da República da Índia, Nova Delhi, 22 de agosto de 2007.

113 Adrian Blomfield, "Putin Praises Strength of 'Warsaw Pact 2'", *Daily Telegraph*, 20 de agosto de 2007.

114 A SCO (na sigla em inglês) também inclui o Quirguistão, que não é uma autocracia.

115 Wayne Arnold, "Southeast Asian Pact Exposes Rifts", *New York Times*, 21 de novembro de 2007.

116 Ver relatório do Pew Global Attitudes Project, "Global Unease with Major World Powers", divulgado em 27 de junho de 2007, p. 40.

117 Judy Dempsey, "Germany Look to Asia, at China's Expense", *International Herald Tribune*, 20 de novembro de 2007.

118 Ver relatório do Pew Global Attitudes Project, "Global Unease with Major World Powers", divulgado em 27 de junho de 2007, pp. 42-3.

119 Lawrence Wright, *The Looming Tower: Al-Qaeda and the Road to 9/11* (Nova York, 2006), p. 24.

120 Ibid., p. 47.

121 F. Gregory Gause III, "Can Democracy Stop Terrorism?", *Foreign Affairs* 84, n° 5 (setembro/outubro de 2005), p. 69; Bernard Lewis, *The Middle East* (Londres, 2000), p. 377.

122 Martine Bulard, "India's Boundless Ambitions", *Le Monde Diplomatique*, janeiro de 2007 (online).

123 Ver relatório do Pew Global Attitudes Project, "Global Unease with Major World Powers", p. 41.

124 Entrevista de Nicolas Sarkozy na rádio Europe-1, 4 de maio de 2007, citado em RIA Novosti, Moscou, 7 de maio; entrevista de Sarkozy também publicada na *The National Interest*, 1º de julho de 2007.

125 Isso é o que William Wohlforth previu há quase uma década. Ver William C. Wohlforth, "The Stability of a Unipolar World", *International Security* 24, nº 1 (verão de 1999).

126 Lavrov, "The Present and the Future of Global Politics".

127 Gary G. Sick, entrevista de Bernard Gwertzman, *Foreign Affairs*, 23 de janeiro de 2007 (online).

128 Para a discussão mais abrangente sobre as tendências mundiais que vão na direção contrária das previsões de equilíbrio, veja Keir A. Lieber e Gerard Alexander, "Waiting for Balancing: Why the World Is Not Pushing Back", *International Security* 30, nº 1 (verão de 2005).

129 Em um ensaio de 1999, Samuel P. Huntington se referia a um "sistema unipolar, com uma superpotência e várias grandes potências". Ele esperava que essa fosse uma breve transição para uma genuína multipolaridade. Samuel P. Huntington, "The Lonely Superpower", *Foreign Affairs* 78, nº 2 (março/abril de 1999).

130 Niebuhr, *The Irony of American History*, p. 133.

131 Para a melhor e mais original formulação desse argumento, veja Reuel Marc Gerecht, *The Islamic Paradox* (Washington, D.C., 2004).

132 Para um cuidadoso estudo relacionado às várias teorias a respeito dos estágios do desenvolvimento democrático veja Thomas Carothers, "The 'Sequencing' Fallacy", *Journal of Democracy* 18, nº 1 (janeiro de 2007).

133 Hans J. Morgenthau, *Politics Among Nations: The Struggle for Power and Peace* (Nova York, 1948), p. 20.

134 Reinhold Niebuhr, "American Power and World Responsibility", *Christianity and Crisis*, 5 de abril de 1943, in D.B. Robertson (ed.), *Love and Justice: Selections from the Shorter Writings of Reinhold Niebuhr* (Cleveland, 1967), p. 200.

IDÉIAS CONTEMPORÂNEAS

CELEBRIDADE
Chris Rojek

CONSTRUÇÃO DE ESTADOS
Francis Fukuyama

CONTRA BUSH
Carlos Fuentes

O DILEMA AMERICANO
Democracia, poder e o legado do neoconservadorismo
Francis Fukuyama

DO PARAÍSO E DO PODER
Os Estados Unidos e a Europa na nova ordem mundial
Robert Kagan

EXCELÊNCIA INTERATIVA
Edwin Schlossberg

FILHOS SELVAGENS
Reflexões sobre crianças violentas
Jonathan Kellerman

PARA ENTENDER MICHAEL JACKSON
Margo Jefferson

PILARES DO TEMPO
Stephen Jay Gould

O QUE JESUS QUIS DIZER
Garry Wills

REENGENHARIA DO TEMPO
Rosiska Darcy de Oliveira

SEGREDOS PÚBLICOS
Luiza Lobo

O RETORNO DA HISTÓRIA
E o fim dos sonhos
Robert Kagan

Este livro foi impresso na Editora JPA Ltda.,
Av. Brasil, 10.600 – Rio de Janeiro – RJ,
para a Editora Rocco Ltda.